築地魚河岸ことばの話

読んで味わう「粋」と「意気」

築地魚河岸 鈴与三代目
生田與克、冨岡一成〈著〉

大修館書店

【セリ声《えご》】

何を言っているのかよく分からなくてもいいそうです。（↓P99）

【頭《あたま》】

こんな迫力満点の光景も、河岸では見慣れた日常です。（↓P4）

【お帳場《ちょうば》さん】

陰ながら仲卸店舗を切り盛りしている、縁の下の力持ち。（→P12）

【河岸《かし》と氷《こおり》】

切っても切れないはずの、〝河岸と氷〟の意外な関係…。（↓P87）

【ハッポー】

〝東京の台所〟は、出るゴミの量も半端じゃありません。（→P36）

【マンジュウ屋】

市場人の日常には欠かせない、まさに河岸のコンビニ。（↓P38）

【スポーツ新聞】

そろいもそろって読んでいるのには理由があります。（→P21）

【若《かわ》い衆《し》】

いくつになっても「若い」と呼ばれてうらやましい!?
（↓P43）

目次

第二章【応用編】……四九
魚河岸での威勢良いやりとりや、表からは見えない入りくんだ仕組みを正しく理解するための、応用編五〇語。

［コラム］三代目に教わる「築地の歩き方」②……六四
江戸の〝粋〟と〝いなせ〟を感じてくれよっ！

第三章【よもやま編】……八一
映画、文学、歴史…築地の本当の深みを極めるための、ガイドブックには載っていない、ちょっと深めのうんちく一八話。

［コラム］三代目に教わる「築地の歩き方」③……九〇
河岸の魅力は魚だけじゃぁない

【凡例】

［基本方針］

本書は、東京都中央卸売市場築地市場（通称・築地市場、築地魚河岸）にまつわる、文化・歴史および、そこで働く人々の独特な気風を知っていただくことを主眼として編集した。

［収録ジャンル］

前述した基本方針に基づき、約三〇〇の用語・事柄を「築地魚河岸ことば」と名づけ、以下のように分類、辞典を模した形で解説した。

第一章　「基本編」
第二章　「応用編」
第三章　「よもやま編」
第四章　「美味い魚の話」

［見出し語］

和語・漢語は平仮名で、外来語は片仮名で示し、各章ごとに五十音順に並べた。第一〜第三章は、表記形は、見出し語の後の【　】に掲げた。第四章は、見出し語に先立ち、表記形を【　】に掲げた。

［略号・記号一覧］

同 同義語　類 類義語　反 反対語　派 派生語　関連 関連表現

第一章

【基本編】

一六〇二年、日本橋小田原町に開設した魚売り場をルーツとする築地魚河岸。約四世紀にわたり育まれてきた独特の〝粋〟と〝意気〟を肌で感じるために、まずは押さえたい基本の一三八語。

あいたいとりひき【相対取引】 セリや入札を通さずに、売り手と買い手が直接行う取引。❖「相対」と省略することも。＊昭和四〇年代までは河岸《しか》の取引はすべてセリを通して行われていたが、流通の変化や法改正により、相対取引が主流になりつつある。現在では「大物」（Ｐ10）、「海老」および「特種物」（Ｐ30）の一部以外は、相対での取引となっている。

あいもの【相物】 ❶塩干魚。また、それを扱う業者。その昔、魚の多くは塩をしたり干したもので、鮮魚の流通はまれであった。ごく一般的な塩干物の魚を「始終ある」という語にかけて「四十物《あいもの》」という表記もある。類 いさば（Ｐ５）❷室町時代頃までは魚商人のことを相物と呼んだ。❖＊河岸では生鮮魚と干物の〝あいだのもの〟という意味で、半生、半加工の商品を「合物《あいもの》」と言いならわしている。

あおざかな【青魚】 ＊背が青く（黒っぽく）、腹部が白い魚の総称。イワシ、サンマ、カツオ、マグロなどのように浅い海面を長距離移動する魚がこれに当たる。関連 赤身、浮魚

＊それにともない、河岸の賑わう時間帯も変わってきた。かつては毎朝五時のセリ開始頃がもっとも活気づいたが、現在では、長距離トラックの入ってくる真夜中が取引のピークとなっている。

＊合物の語源は、「魚に塩を和える」ことからきているとされるが、「魚や塩などいろいろなものを合わせて商った」からとする説もある。

＊背面は鳥の襲撃を避けるために海の色と同系の青色に、腹部は、サメなどに見つかりにくいよう、海上の光に紛《まぎ》れやすい白になっている。

あかみ【赤身】

❶主にマグロの部位で、中骨の周囲から背中側にかけての部分。「テンミ」とも。❷（にぎり寿司ネタの呼称で）マグロのこと。❸*肉質の赤い魚の総称。「赤身の魚」。イワシ、サンマ、カツオ、マグロなどが代表。❖これら長距離を移動する魚は、体内で多量の酸素を効率よく運ぶための色素タンパク（ミオグロビン）を多く含み、そのため肉質が赤褐色になっている。関連青魚、浮魚

あさ【朝】

河岸の朝は早い。物流が高速・効率化された現代においては、朝も早よから魚を売らなくても何ら支障はないのだが、「河岸は朝イチ」と相場が決まっている。昔からのしきたりを堅実に守るのが河岸の信条なのだ。したがって、河岸で働くときにまず必要とされることは「ニワトリのように」早起きなことである。

あさくさ【浅草】

（魚屋の隠語で）イカなどの皮をむく作業。調理（本番）前の作業という意味合いで使われている。❖その昔、色街として有名な吉原へは、浅草から馬や徒歩で向かうことが多かった（現在でも馬道通りという地名が残っている）ことか

*サケも肉質の赤い回遊魚だが、それは、ニンジンやトマトと同じカロチノイド色素のためで、いわゆる「赤身」とは区別される。また、赤身の魚は加熱すると白ずむが、サケは加熱しても赤味が残る。

ら、「浅草」が、「本番（＝吉原）の手前」を意味する隠語となった。

あたま【頭】 ❶「粗」のうちの頭の部分。❖マグロの頭などは業者に引き取られ、加工品に生まれ変わったり、見映えの良いものは「兜焼き」に供される。❷カツ丼の具と飯が別々になったものの、具の方。❖場内の魚がし横丁にある「豊ちゃん」のメニューとして有名。関連特殊メニュー（P71）❸魚河岸の旧習である「歩戻し（バックマージン）」のこと。

あにき【兄貴】 古い在庫のこと。「そっちの兄貴から売っちまえよ」。「あんちゃん」「おにいちゃん」とも。類ヒネ

あら【粗】 魚をおろした後の頭、骨、はらわた。❖仲卸店舗が店じまいとなるお昼近くから、集荷業者が市場内で回収する。肥料や工業用洗剤などに再利用される。同魚腸骨《ぎょちょうこつ》（P15）

いけじめ【活けじめ】 魚を即殺*して、血抜き、延髄、エラを切るなどの処理を行う方法。活けじめにされる魚は、生きた状態で水槽に入れられて流

＊「即殺」は、魚を暴れさせないように迅速に行う処置のこと。活けじめには、他に、「神経抜き」などの方法がある。

通する。❖死後硬直を遅らせることで鮮度を保てるので、死んだ状態で市場に届けられる野じめのものよりも、一般的に価値が高い。養殖魚に多い。反 野じめ（P34）

いけものや【活け物屋】

店舗内に水槽を設置し、魚を生かした状態で管理している仲卸の通称。寿司ダネや高級料理店向けの魚を扱う特種物仲卸に多い。❖魚のストレスを軽減するため、水槽内の温度・明度などは海中と同じような状態に調節されている。

いさば【伊佐止】

産地で魚を集める商人のこと。在方問屋、地小買問屋。「五十集《いさば》」とも。❖語源については、「磯辺」から転じたといわれる。また、わずかなものを集めることを「いささば」ということもあり、河岸では小魚を扱う業種を「いさば衆」と呼んだ。

いさみはだ【勇み肌】

強きをくじき弱きを助けるような、気概を張っている性質や気風のこと。❖日本橋のたもとに建つ魚河岸の碑文には「江戸任侠精神発祥の地」（久保田万太郎）とあるように、江戸時代、気概*を張った魚河岸の人々は「勇み肌」の代表と見られていた。

いなせ【鯔背】 若々しく威勢の良いさま。❖もとは、日本橋魚河岸の若い衆《し》のイキの良さを称賛する言葉で、彼らのマゲの形が魚のイナの背に似ていたことに由来する。

いんきょ【隠居】 第一線からしりぞいた河岸の先代店主。❖築地周辺の月島、勝どき、明石町などで悠々逍遥《しょうよう》と暮らしている人が多い。若い頃の習性から朝が早く、午前二時には目覚め、植木の世話には余念がなく、日没とともに一日の活動を終える、という規則正しい生活を送っている。

うおがし【魚河岸】 「河岸」（P56）に同じ。

うおがしのおび【魚河岸の帯】 大正時代に日本橋の白木屋（東急百貨店の前身。跡地には現在、コレド日本橋が建っている）で売り出した、魚

＊河岸の気風は、扱う商材が腐りやすく、買うにも売るにも手早くやらねばならないことから自然に身についたともいえる。一方、幕府御用達というプライドに支えられていた面も強い。若い衆《し》が「御用肴」（＝幕府に納める魚介）を江戸城に運ぶときには、大名さえもその荷車を避けたという逸話も残っている。

河岸向けの喧嘩装束用の帯。❖喧嘩好きな魚河岸の若い衆は河岸引けになると、*前も合わせられないほど身巾の狭い単衣モノを羽織り、この帯を巻いて前で結び、近隣の町内にまで遠征をしていたという。

うおがしマーク【魚河岸マーク】 「魚がし」の流し文字。明治初期に日本橋長浜町の提灯屋で、芝居の引幕やビラを書く名人だった、初代・浜野屋平助の意匠といわれ、後世に残る傑作ロゴとして有名。❖この伝統的デザインを引き継いでいるのが*現在五代目にあたる魚がし横丁「浜のや商店」。

うおがしよこちょう【魚がし横丁】 築地市場内の付属商（市場関係者向けの商店）の集まりで、寿司、和洋食、軽食などの飲食業や、包丁、長靴、調理器具などの物販からなる商店街。東京都中央卸売市場築地商業協同組合が運営している。もとは河岸に働く人間や買出人向けの商売であったが、近年は食事・買物のスポットとして人気が高まり、一般の利用も増えた。

うおしょう【魚商】 小売の魚屋。❖魚屋の組合のことを「魚商組合」といい、「東京魚商」といえば、東京魚商業組合のことである。

*喧嘩の分が悪くなって捕まえられても、パッと帯を解けばそのまま逃げられるという寸法。「誰がてめえなんかに捕まるかい、このバカヤロウ!」と、ふんどし姿の馬鹿野郎が日本橋界隈を走って逃げる光景が見られたとか。

*魚がし横丁に店を構える包装用品店。魚河岸マークを配したオリジナル商品の他、のれん・のぼり・提灯なども豊富に取り揃え、オーダーメイドも受け付けている。

うきうお【浮魚】 アジ、イワシ、サンマなど群れをなして海面の浅いところを長距離移動する魚の総称。移動のために必要な酸素を体内で効率よく運ぶための色素タンパク質を多く持ち、肉質が赤い。俗に「赤身の魚」といわれるのはこれら浮魚である。❖マグロ、カツオなども浮魚の範疇だが、浮魚は商業的には小型の魚を指すことが多く、総じて大衆魚と同義語として使われる。反底魚（P24）関連青魚、赤身

うちみ【打ち身】 捕獲の際に暴れ、船体などにぶつかり内出血を起こした魚のこと。特にマグロのような大型の魚は、体表には影響が表れないので、おろしたときにはじめて、身に黒っぽい血のかたまりが混じっているのが分かる。程度のひどいものは事故品として扱われる。類キズもの（P15）、事故品（P18）、ヤケ（P39）、病気《やまい》（P40）

えどまえ【江戸前】 ❶*江戸前海《えどまえうみ》（現在の東京内湾部）で獲れる魚介類。❖江戸前という語が使われるようになった最初は「江戸前鰻」で、江戸前といえば江戸城の前で獲れたウナギの代名詞であった。❷上方の気風、文化に対する江戸っ子の美意識を表す語。類遠海物 関連江戸前鯵

＊江戸時代、江戸前海の範囲は、品川洲崎の一番棒杭から深川洲崎の松棒杭までと定められていた。現在では江戸前海に近い区分として、多摩川河口と江戸川河口を結ぶ線の内側を東京都内湾という。

築地点描

AM 4:00

【冷凍マグロの荷下ろし】

横付けされたトラックから続々と運び込まれる巨大な冷凍マグロ。
セリ場に鳴り響く轟音が河岸の一日の始まりを告げる。

えどまえあじ【江戸前鯵】 キャッチコピーとしての「江戸前」を冠した最初は天明期（一七八一～一七八九）の鰻屋が定説となっているが、必ずしもそうだと断定できない記録がある。享保二〇年（一七三五）に記された地誌『続江戸砂子《しょくえどすなご》』（菊岡沾涼著）には、「江戸前鯵　中ぶくらと云、随一の名産也、江戸前にて漁るを前の魚と称して佳品也」とあり、ウナギよりも前に、アジに「江戸前」の称号が冠せられていたことが分かる。それほど江戸前海で獲れるアジは良質だった。関連 江戸前

えんかいもの【遠海物】 日本橋魚河岸時代にできた魚の産地区分で、関東からみて遠海で獲れた魚のこと。北は北海道、東北、西は関西、四国、九州などからくる魚をおおまかに「遠海物」と呼ぶ。類 江戸前 反 近海物（P15）

えんかんぶつ【塩干物】 塩物、干物の総称。

おおもの【大物】 マグロのこと。マグロが〝大きい〟ことから大物。関西では〝太い〟ことから太物という。ちなみに、カジキは体が〝長い〟ことから長物と呼ばれている。

おきゃくさん【お客さん】 水死人のこと。* ❖日本では古来より海からの漂着物を尊ぶ風習があったが、こと水死人とくれば、手を合わせて拝まずにはいられないシロモノである。

おさかなかるた【お魚かるた】 昭和一五年、東京魚市場株式会社により制作。販売促進用として、お得意先や仲買店に配られた。「いろは四八文字」のそれぞれが魚にちなんだ文句になっており、多色刷りのユーモラスなものだった。❖平成一〇年、とある仲卸人の自宅から当時の現物が発見され、五十余年の時を超えた『復刻版お魚かるた』として、奥野かるた店より復刻発売された。

おだわらちょう【小田原町】 大正一二年に築地に移転する以前、魚河岸は日本橋小田原町にあったことから〝小田原町〟と呼ばれていた。慶長年間（一五九六～一六一五）に行われた江戸城の大規模修繕で、普請を請け負った小田原の石工師・善左衛門が、この地で伊豆石の河岸揚げを行ったことから「小田原町河岸」という地名が生まれたとされている。❖寛文四年（一六六四）、日本橋魚問屋の願いで築地本願寺南側の一帯に開かれた町屋が、

＊市場人自身が「お客さん」になることもある。酔って岸壁で小用中に隅田川に転落。長靴が脱げずに、あっというまに水没してしまう。訳も分からず土左衛門となった市場人は死んだ気がせず、セリに間に合わせようと、早朝の海幸橋たもとに「お客さん」になってあらわれたとか。

魚河岸のある日本橋小田原町にちなみ「南小田原町」と呼ばれるようになると、それと区別するために、日本橋小田原町を「本小田原町」と呼ぶようになった。

おちょうばさん【お帳場さん】

仲卸店舗で、魚を扱う以外の煩雑な業務をとり行う役目の人。お客さんとの金銭授受や、伝票処理といった経理業務をはじめ、バレンタインデーにお客さんに間違いなくチョコを渡すような雑務までをこなす。❖従業員へのちょっとした気配りなど、店の雰囲気づくりに大きな役割を果たすことから、女性が多い。関連帳箱（P26）

おろし【卸】

「荷受」（P74）に同じ。

かいこばし【海幸橋】

かつて築地川支川に架かっていた橋*（昭和二年架橋）。場内と場外の境界に架かり、河岸という異空間への入口といった風情を醸し出していた。❖「かいこうばし」が正しい読みだが、地元では親しみを込めてしばしば「かいこばし」と呼ばれた。

*築地川支川の埋め立てにより、平成一四年に撤去された。しかし、デザイン性に富んだ橋梁を惜しむ声が多く、現在、中央区の有形文化財として親柱の一部が現地に保存されている。

かいだしにん【買出人】 河岸に魚を仕入れにくる商売人。昭和四〇年代までは、町の魚屋や料理店など小規模な販売店が市場の主な顧客で、かれらと仲卸との間の取引が一般的だった。しかし、昭和五〇年前後から、スーパー、量販店が台頭してくると、セリへの売買参加資格を取る業者や、荷受などと相対で取引をする業者などもあらわれ、買出人のありようは多様化してきた。

かいにほかんじょ【買荷保管所】 買出人が仲卸から買った品物を一時預かりする場所。場内に数ヶ所あり、プラットホームの施設は、1~115部、東、西、特に区分され、それぞれに「池袋」「淀橋」「品川」などと行き先を示す札がかかっている。❖買出人が「これ65部に頼むね」と言うと、仲卸の配達員が指定された保管場所に商品を運び込み、指定時刻になると行き先別のトラックで順次出荷される、という仕組みである。同潮待茶屋（P60）

かしあげ【河岸揚げ】 日本橋魚河岸時代には船で届く魚荷を荷揚げしたが、その荷物を問屋に差配する者を「河岸揚げ」と呼んだ。また、彼らの手先となって、魚を運搬する者たちを「小揚《こあげ》」といった。❖現在は河岸揚

げ、小揚ともに組合を組織し、卸会社の補佐的業務に従事している。類軽子、小揚（P16）

かるこ【軽子】 仲卸*に雇われて荷役を行う人。❖もとは「軽籠」の字があてられ、もっこで運搬する労働者全般のことを指していた。現在では「配達員」という呼び名に改められているが、市場ではいまだに「軽子の○○さん」といった使われ方をしている。類河岸揚げ、小揚

かんコーヒー【缶コーヒー】 暑いにつけ寒いにつけ市場人は缶コーヒーをよく飲む。❖銘柄と味についてはやけに詳しい。

かんさいもの【関西物】 「箱物」（P34）に同じ。

がんばこ【ガン箱】 買出人が肩から提げる買物用の金属製容器。最近は竹籠が主流となり、あまり使われなくなった。類竹籠（P24）

かんぺい （魚屋語で）魚のエラ、ワタなどを取り除く作業。「このアジ、こ

*日本橋魚河岸では、河岸に着いた荷物を問屋へ運ぶものを「荷揚軽子」、買出人の買荷を茶屋へ運ぶ者を「使い軽子」と呼び、前者の方が立場は上位であった。荷揚軽子の中にはフリーで魚河岸を流す野軽子《のがるこ》も多数いたが、その多くは出稼ぎで、春になるといなくなることから「カモ」と呼ばれていた。

っちは三枚、これはかんぺいにしてね〜」などという。語源は不明。

がんぺき【岸壁】 卸売場東側、隅田川に面した部分の通称。船着場や冷凍マグロ、カジキのセリ場がある。

きずもの【キズもの】 銛《もり》などの漁具によって傷ついた魚のこと。マグロなど大型の魚は、商品価値の高い部位の傷は小さくても損害額が大きい。その場合には事故品扱いとなる。類打ち身、事故品、ヤケ、病気《やまい》

ぎょちょうこつ【魚腸骨】 「粗《あら》」に同じ。

きわもの【際物】 正月のおせち用商材など、季節をあてこんで間際で仕入れ、短期間で売り切る商品のこと。

きんかいもの【近海物】 日本橋魚河岸時代にできた魚の産地区分で、現在の東京湾をはじめ外房、鹿島灘など関東近辺から入ってくる魚のこと。近海物でもキス、アナゴ、貝類などの寿司ダネは特種物の扱いとなり、近年そ

の区分はあいまいになってきている。類江戸前 反遠海物

げいしゃのあたま【芸者の頭】 ヒマの意。芸者さんの髪型にひっかけて、「島田」→「しまだ」→「ヒマだ」。❖江戸っ子は「ひ」と「し」が区別できなかったので、「ああ、シマだねえ。芸者の頭だ」となった。

こあげ【小揚】 荷受に雇われて荷役を行う人。❖輸送されてきた魚をセリ場に並べるなど、セリ準備の労務に従事し、ときにはセリ落とされた魚を仲卸店舗に配達する。類河岸揚げ、軽子*

ごしゅうぎそうば【ご祝儀相場】 初荷や初物入荷などの特別な日に、通常よりも高値のセリ値がつくことをいう。❖正月初セリのマグロや初物のシンコなどにみられ、「キロ○○万円の値がつくご祝儀相場となった」とか「今年はご祝儀相場は出なかった」などと話題になる。*

さきどり【先取り】 セリ開始時間前に行う取引。その日のセリの最高値

＊日本橋魚河岸時代には、荷物を問屋に差配するものを河岸揚げと呼び、運搬する者たちを小揚といった。

＊二〇〇一年の初市では、大間産のホンマグロが二千万円もの高値をつけ話題を呼んだ。しかし仲卸が大枚を払ったマグロは、必ずしもその値段で売れるわけではない。すべて売りきってもせいぜい半分とか、四分の一程度しか回収できないケースもある。派手なご祝儀相場の陰で大きなダメージを受けている業者も珍しくないのだ。

での売買を前提とする。量販店など大口購入の買参（P34）が魚を買付けることが多い。❖当初、先取りは学校や病院などへの流通を優先させる例外的手段だった。しかし、スーパー、量販店の台頭によって、事前情報と計画販売による取引が主流となり、今や先取りは予約相対とともに、市場取引の過半数を占めるまでに増大している。セリ原則の崩壊が進む中で、卸売市場のあり方が強く問われている。

さく【サク】（マグロなど）大型の魚を、刺身にする前の長方形に切り出した状態。「一サクいくら」と小売店で売買される単位。河岸では「一サクちょうだい」という取引は普通できないが、最近では店前でサクの状態で売っている仲卸も増えてきた。同チャンク（P26）

さしね【指値】荷受が仲卸に対して、この魚にはこれ以上の値をつけて欲しいと提示する金額。本来、セリ原則下の卸売市場で指値はあり得ないが、生産地の状況、需給関係によって事実上の指値売買が行われることがある。

さしみ【刺身】言わずと知れた、鮮魚を生のまま食べる調理法。古くは刺身のことを「膾《なます》」といったが、その理由は、調味料として酢を使ったためで、「生酢」から転じたからともいわれている。その後、調味料として醤油が一般的になった頃から「刺身」という呼び方の方が主流になった。❖切り身にしたときに魚種を見分けるために、尾ビレを刺しておいたことから「刺身」と呼んだという説もある。

ざるうり【笊売り】「方角師」（P37）に同じ。

じかにびき【直荷引き】　仲卸業者が荷受を通さずに、産地や他市場などから、直接買付けを行うこと。スーパー、量販店の計画販売志向に対応するために一部の仲卸が行っている。❖同じような販売店対応として、荷受がセリを通さずにスーパー、量販店への直接販売を行うことも多く、卸売市場におけるセリの形骸化につながっている。

じこひん【事故品】　外傷や病気などを原因とする極端に品質の劣悪な魚。主に*マグロなど大型の魚によくある。❖市場開設者の定める事故判定人により魚が事故品と認めら

＊マグロのような大型の魚は、外見から内部の肉質を知ることは困難。熟練した仲卸でさえ包丁を入れて中を開けてみるまでは分からない。マグロの売買がギャンブル性が高いといわれる所以である。

れると、損害の程度に見合う補償金が魚を売った荷受から買った仲卸へと支払われる。類打ち身、キズもの、ヤケ、病気《やまい》

したづけ【下付】 セリの開始前に、仲卸がセリ場に並んだ魚をチェックすること。品質のチェック方法は魚種によって異なるが、「太り具合」「色合い」「皮の薄さ」などの見た目や、指で触れたときの弾力、エラや腹の様子などから判断する。❖その際にお目当ての魚はどれか、いくらの値をつけるか、などを書き留める帳面を「下付帳」という。

じょうがい【場外】 「築地場外市場」（P27）に同じ。

じょうない【場内】 東京都の管理する築地市場敷地内。また、そこにある施設の総称。❖ただし、「魚がし横丁」など飲食・ショッピングエリアは一般客も気軽に歩けるため「場内」という意識が薄いことから、プロの取引が行われる卸売場内を指して、特に「場内」と呼ぶケースが多い。関連場外

しょんべん【ションベン】 キャンセルの意。「悪い悪い、今のはションベン

させてくれ」「アニキ、そりゃねえよ」。

しんけいぬき【神経抜き】 魚の背骨に針金やピアノ線を通して脊髄《せきずい》を破壊する活けじめの方法。❖活きたタイなどは、包丁でエラを切って、即*殺しても運動神経は生きていて暴れてしまう。そこで、こうした方法で魚を仮死状態とするのが有効とされている。また、死んでいないため死後硬直を遅らせる効果もある。

しんてんぽ【新店舗】

*仲卸業者の増加に伴い、昭和三九年に増設された仲卸売場部分。二階部分には三〇〇台収容の駐車スペースを備え、建設当時としては斬新な設計であった。❖旧店舗には一〇〇〇番台から八〇〇〇番台の店舗番号がついているのに対し、新店舗は「イー、ロー、ハー、ニー」という店舗番号がついている。

すそもの【裾物】 通常の相場よりも価格の安いもの。また、ランクの落ちるもの。❖あくまで相対的な評価なので、裾物であっても良品の場合もあ

＊P4参照。

＊新店舗設立後は、一小間をそれまでの三業者から、二業者で使えるようになったが、新店舗の面積は旧店舗に比べて広く、店舗間の格差を是正するためもあって、定期的な店舗移動が実施されることとなった。

る。バサラ物よりは質が上。類バサラ物（P34）

ストッカー　冷凍水産物などを保管する据置型の強力冷凍庫。マイナス六〇度～八〇度程度まで冷やせるので冷凍魚の保存ができる。河岸では冷凍物を扱うマグロ、エビなどの仲卸店舗内に置かれている。類ダンベ（P25）

スポーツしんぶん【スポーツ新聞】　市場人御用達の情報ツール。朝の早い市場人はナイター中継を最後まで観ることができないため、翌朝スポーツ紙を買って、「何だよ巨人負けたのかよ」などと結果を確かめることとなる。❖*ちなみに読んだ後は畳んで長靴の中に差しておいたりする。

せりだい【セリ台】　セリのときに仲卸が立つ四～五段の階段状の台。❖マグロのセリというと威勢の良いセリ声とともに行われるという印象があるが、じつは大声を出しているのはセリ人ただ一人。セリに参加している多数の仲卸はセリ台の上から手を使って無言で金額を提示するだけである。関連手遣り（P70）

*老練な市場人はやたら絵になるが、初心者がやるとサマにならない。

せりにん【セリ人】 セリの競売人。卸会社*に三年以上勤めたうえで、東京都の試験に合格して初めてセリ人の資格を取れる。市場の花形職業である。❖「セリコ」ともいう。

せりば【セリ場】 セリを行う場所。❖昭和四〇年代以前はプラットホーム状の卸売場全体で水産物のセリが行われていた。量販店の台頭により相対取引や先取りが多くなってからは、マグロ、エビ、活けもの、生鮮の一部など、以前と同様のセリ取引*が行われている所定の場所を特に指して呼ぶようになった。

せりぼう【セリ帽】 仲卸がかぶるキャップ。正面に「売買参加証」をとりつけたもので、これをかぶっていなければセリには参加できない。❖「売買参加証」は仲卸の鑑札ひとつに対して一枚付与される。これは持ち店舗のコマ数に対応していて、たとえば三店舗の売場を持っている仲卸は三枚の鑑札を所有し、三枚の「売買参加証」を使って取引をすることができるという仕組みである。

*資格を得ても必ずセリ人になれるわけではない。先輩についてアシスタント経験を積み、覚えめでたく、取引の空気も十分に読めるようになって、ようやくセリ台に立てる。

*マグロのセリの見学は外国人観光客の間でも人気を呼んでいるが、見学マナーの悪化によるトラブルが続出したことから、一般のセリ場見学が一部制限されるようになってきている。

築地点描

AM 5:00

【セリ直前の緊張感】

セリにかけられるマグロを入念にチェックする下付作業。
仲卸たちの「セリ」という勝負は、この瞬間からすでに始まっている──。

そこうお【底魚】 タイ*、ヒラメ、カレイなど、浅い海底（大陸棚）に生息する魚の総称。定着性が強い。移動性の浮魚と違い運動量が少ないため、体内に色素タンパク質を持たず、肉質は白い。俗に「白身の魚」と呼ばれるのは、これら底魚のことである。反浮魚

そっくら そっくり。ひとまとめに。「そっくら持っていってくれよ！」❖河岸の人間はそっくら売買するのが好きだ。

ターレ *三六〇度転回可能な小型三輪車。正式名称は「ターレットトラック®」で㈱朝霞製作所の登録商標。市場内には約八〇〇台のターレが走っている。❖同社のホームページによると、ターレット（＝turret）とは「旋回するもの」をあらわし、ステアリングとともにに動力ユニットが旋回することにより、狭い市場内でも小回りを可能にしているという。同社には、ほかにもターレダンプ®、ターレトレーラ®、ターレバキュームカー®などもあり、さながらターレ兄弟の様相を呈している。

たけかご【竹籠】 買出人が使う竹を編んだ籠。通気性が良く、適度に水

*広い大陸棚を持つ中国やアメリカでは底魚は下魚扱いされてきたが、大陸棚の狭い日本では、その希少性から高級魚として扱われてきた。

*最近では「キャリスター」という低公害な電動車（「電動ターレ」と呼ばれている）が増えたが、音が静かなだけに、後ろからいきなり迫ってこられると、けっこう恐い。

分を逃がすことから、魚の買い物にはとても重宝する。見た目も格好良いので、これを提げて河岸の中を歩く一般の人も増えてきた。類ガン箱

たこひき【蛸引き】 長方形をした刺身包丁の通称。蛸引き包丁。関東でよく使われた刺身包丁で、昔は関東*は蛸引き、関西は柳刃（P39）といわれた。最近では関東でも柳刃包丁が一般的となったが、それだけに今も蛸引きを使っている料理人には、古くからの価値観を大切にする風情が感じられる。❖柳刃に比べわずかに刃が薄いので、薄切りに適している。

ダンベ 魚*を貯蔵するための据置型の強力冷蔵庫。もとは、魚を入れる大きな樽のことをいった。❖土砂などを運ぶ底の平らな団平船（だんべいぶね、もしくは訛ってだんべぶね）に形状が似ていることが名前の由来といわれている。

ちくようまぐろ【畜養マグロ】 天*然のマグロ稚魚を生簀《すいけ》の中で育てる方法。また、そうして育てられたマグロ。❖最近では、餌《さえ》の配合などにより、全身トロという畜養マグロも作り出されている。地中海、トルコ、メ

*「蛸引き」といえば「江戸前」であるが、一説には喧嘩ッ早い江戸ッ子職人が持つので、危なくないように刃先を四角くしたともいう。

*水を張る木製ダンベは近年まで使われていたが、冷蔵庫の普及により、電動式が主流となり、いつしか「ダンベ」は業務用冷蔵庫の通称となった。

*卵からふ化させるわけではないので、資源保護の効果はない。

キシコ、日本が主な産地。

ちゃや【茶屋】 「買荷保管所」「潮待茶屋」に同じ。派【茶屋出し】買出人の買った品物を買荷保管所を通じて配送すること。

チャンク 「サク」に同じ。

ちょうばこ【帳箱】 仲卸店舗の中にある箱形の小部屋で、お帳場さんが座るところ。関連お帳場さん

つかまる 売れ残りを抱えてしまう。売れるのを見越して仕入れた結果、在庫になる。「今日はこいつにつかまって店が閉められねえよ」。

つきじしじょう【築地市場】

正式名称は東京都中央卸売市場築地市場。もとは海軍施設であったところに、大正一二年関東大震災により焼失した日本橋魚河岸、京橋大根河岸《だいこがし》の問屋を収容。同年公布された中央卸売市場法

に基づき東洋屈指の卸売市場として昭和一〇年に開場した。太平洋戦争前後は統制経済によって市場機能を失うが、その後は高度成長に合わせながら発展を続け、「東京の台所」「世界のツキジ」としての地位を確立した。関連 築地場外市場

つきじじょうがいしじょう【築地場外市場】

築地市場に隣接する問屋街。築地本願寺の末寺や墓所が関東大震災により被災、和田堀廟所《わだぼりびょうしょ》（現在の杉並区永福）へと移転した跡地に自然発生的に出現した。❖墓地の跡地で商売をすると繁盛するという言い伝え通り、*店舗数は五〇〇を数え、都内最大の問屋街として発展を遂げている。同 場外 関連 築地市場

つくだじま【佃島】

江戸時代、隅田川河口の三角洲を埋立造成して作られた島。❖そもそもは、寛永七年（一六三〇）魚河岸の祖、森孫右衛門（P104）らが鉄砲洲沖の干潟百間四方を拝領し、それから十五年の工事を経た正保元年（一六四四）、造成完了した土地を故郷になぞらえて「佃島」と名づけた。このように*佃島と魚河岸とは深い関係で結ばれている。

*築地に観光客が多く訪れるようになった背景には、場外市場の着実な集客活動がある。一九九〇年代に始まった「築地飲みねえ食いねえ祭」や「半値市」などのイベントは、土曜日の買物客を呼び込むきっかけになったといえる。

*佃の漁師たちは漁に出る際に小魚を醤油で煮付けたものを保存食として携行した。これが「佃煮」として全国に広まり、現在でも江戸時代創業の老舗が残っている。

つれていく【連れていく】 魚を買う。仲卸が買出人に対して「いい魚だよ。どうか連れていってよお」などと使う。類呼ぶ（P41）

て 魚荷や伝票など河岸のあちこちで「て」という表記を見かける。何の符号かというと、じつはタイのこと。タイが江戸っ子言葉で「テエ」となり、これを縮めて「て」とあらわす習慣が残っているのだ。

てかぎ【手鉤】 重い荷物や大きな荷物の運搬に使われる木製の棒。柄の先に鉤状の金属のツメがついている。トロ箱など重い荷物を運ぶのにちょいと引っかけたり、マグロの下付では魚の腹をめくって見たりといった具合に使われる。❖昔は喧嘩の得物としても重宝がられた。*

てぐりもの【手繰物】 手繰網（一艘曳きの小型の底曳網）漁で獲った魚。主としてマダイ、カレイ、アカシタなどの高級魚を指すが、手繰網ではシラスやエビなども獲れた。底曳漁法が西日本で発達したことから、「関西物」ということもある。❖最近ではあまり使われなくなった呼称。

*市場の中では手放せない手鉤も、一歩市場の外に持っていったら銃刀法違反となるシロモノである。出かけるときは丸腰で。

てぬぐい【手ぬぐい】　水を使う仕事には欠かせない、市場人の必須アイテム。❖老練な市場人が腰から日本手ぬぐいをぶら下げている姿はなかなか絵になる。最近ではタオルに取って代わられた感もあるが、タオルだと、腰から下げても、首に巻いても、どうも貧乏くさくて品がない。やはり河岸のもんは日本手ぬぐいを使いたい。

でばぼうちょう【出刃包丁】　魚をさばくのに適した片刃の包丁。身離れをよくするために刃のついていない側がわずかにへこんでいる。刃が厚くて重いので骨を断つのに便利。

でぶろく【デブロク】　大きさがまちまち。大小とり混ぜたさま。「このイワシ、ケースの中はデブロクだよ」。

てんぽばんごう【店舗番号】　仲卸売場[*]一六七七店舗の所在を示すための番号。扇型の仲卸売場は外周部から内周部に向けて一〇〇〇番台より八〇〇〇番台、イ、ロ、ハ、ニ。正門から見て右より一番から一五五番（新店舗

*仲卸売場は一小間二店舗の割で、約八五〇小間一六七七店舗のスペースがある。ただし二店舗以上を持つ仲卸も多い。最盛期には一二〇〇事業所を数えたが、現在は八〇〇事業所を割り込むまで仲卸数は減少している。

部分は一一〇番まで）の番号を持ち、店舗番号から場内のおおよその場所を知ることができる。また通路内にも案内表示板が設置されているので、店舗番号さえ知っておけば売場の中で迷うことは少ない。

とくしゅもの【特種物】 主に寿司ダネに供される魚。また、それを扱う業者。最近では活け物やウニ、天ぷらダネを扱うことも多くなった。❖通称「タネもの屋」とも。

とけいだいどおり【時計台通り】 築地市場内の、水産物部と青果部を隔てている通りの通称。

とどのひ【魚の日】 全国水産物卸組合連合会（全水卸組連）が魚食普及をねらい、毎年一〇月一〇日を魚の幼児語「とと」とかけて「魚《とと》の日」に設定した。類マグロの日（P38）

とめもん【留め物】 ❶その日のうちに売り切れず残ってしまった魚。❷スーパーの特売などに備えて、数をそろえるためにストックしておく魚。

AM 6:00

【動き出す河岸】

買出人たちが集まってくる時間を前に黙々と進められる仕込み作業。
仲卸店舗の“築地らしい”表情が次第に表れてくる。

とろ【トロ】 ❶刺身マグロの多脂肪な部分の通称。主に皮にそった部分を「中トロ」、腹身を「大トロ」という。❖傷みやすい脂身の流通は難しく、かつてはトロ部分はまともな商品として流通することはほとんどなく、捨てられることさえあったが、冷凍・蔵技術、輸送手段の発達にともない状況は一変。トロの価値は飛躍的に上がっていった。❷最近ではマグロ以外にも、脂がよくのった魚、肉類でもトロという呼び名を冠することが増えてきた。「トロサーモン」「牛トロ」「豚トロ」など。

とろばこ【トロ箱】 主に小型の多獲魚を詰めるための木箱。❖明治後期に発達した、動力船によるトロール(底曳網)漁で、魚が一度にたくさん獲れるようになると、それを入れるための木箱が大量生産された。その箱をトロール用の箱、略してトロ箱と言うようになった。関連 ハッポー(P36)

ながもの【長物】 カジキの通称。体型の大きなマグロを大物と呼ぶのと同じく、横長のカジキは長物と呼ばれている。❖ちなみに、カジキを特徴づけているツノ(鼻骨の延長なのだが)は邪魔なので切り落とされた状態で輸送されセリ場に並べられる。関連 梶木(P112)

---

*昭和五〇年代以降、発泡スチロールの容器に取って代わられ、トロ箱は見かけなくなった。発泡スチロールのことを「トロ箱」と呼ぶ人もいるが、河岸では「ハッポー」が主流。

*カジキは、しばしばカジキマグロと呼ばれ、マグロと混同されやすいが実際には別種。ただし、肉質や調理法での類似点も多く、商売上は近しい存在として扱われることが多い。

なく【泣く】（取引などで）損を負担する。「その分はウチが泣きましょう」などと使う。

ななつどうぐ【七つ道具】 魚河岸で働く市場人の必須アイテム。業種によっても微妙に異なるが、マグロ仲卸業者の代表的な七つ道具として挙げられるのはおおむね以下のようなものである。「長靴」「手鉤」「セリ帽」「前掛け」「手ぬぐい」「マグロ包丁」「懐中電灯」「下付帳」。それに、「スポーツ新聞」のおまけがつく。

にんげんがすめるまち【人間が棲める町】「ここはいまの日本では残り少ない人間が棲める町である」。カメラマン・本橋成一氏が、自身の写真集『魚河岸ひとの町』（昭和六三年／晶文社）に綴《づ》ったエピグラフの一節。❖河岸の真実をもっとも端的に言い表した言葉である。

ねこ ねこ車の通称。全長約二mの木製の二輪車で、二本の梶棒を引っ張って荷物を運ぶ。一般に「ねこ車」といえば、一輪車の手押車を指すが、なぜか河岸では人の引っ張る車を「ねこ」という。❖最近では「小車《こぐるま》」「車《くるま》」

と呼ぶことも多いが、河岸で「車持って来い！」と言えば、たいていねこ車を指す。

のじめ【野じめ】 捕獲した魚を、生きたまま氷詰めにして殺す方法。アジ、イワシ、サンマなどの多獲魚を中心に広く使われるしめ方。まとめて処理できる利点がある。反活けじめ

ばいさん【買参】 売買参加者の略称。開設者（東京都）の認可を受けて市場内の卸売に仲卸業者と同じ立場で参加できる者。❖買参には小売商・加工業者・地方卸売市場業者・大口消費者などがいる。

はこもの【箱物】 単価が安く、ケースで取引されるような多獲魚の総称。❖昔はアジやイワシといった小型の魚が、貨車により箱詰めの状態で送られてきていたことから。類多獲魚（P63）

ばさらもん【バサラ物】 かろうじて商品となっているが、かなり質の落ちるもの。類裾物

ばさらや【バサラ屋】 安いものばかりを買ってきて薄利を得る仲卸の俗称。こういった業者のつながりを「バサラ組合」などともいう。❖正式な業種名ではなく、自嘲をこめて称するか、軽く蔑《さげす》んで「あの店はバサラ屋だから」といった具合に使われるので、看板に「バサラ屋」などと書かれることは、もちろんない。

パソコン 一般でいうところの電卓。河岸ではパソコンといえば電卓のことを指し、市場人は「パソコンなら俺も使ってるよ」と平気な顔で電卓を見せる。「パーソナルコンピュータ」＝「個人用電子計算機」。なるほど間違ってはいない。

はついち【初市】 新年*最初の開市のこと。日本橋魚河岸時代には正月二日が商売の初めだったが、現在では五日を初市と定めている。今も昔も初市はお祭り行事で、上場した品物には「初荷」と書かれた派手な幟《のぼり》がつけられ、セリ場では業者同士の祝詞交換が飛び交う。

はつに【初荷】 正月初市（昔は二日、現在は五日）に入荷する魚。この日

＊仲卸店舗ではお得意先へ手ぬぐい（最近はタオルが主流）を配るのが昔からのならわし。買出人は、懐を手拭いでふくらませて売場を歩くことが一種の見栄、という風情が今も残っている。

のセリ場には「初荷」と書かれた幟《のぼり》が立つ。幟は卸会社が用意するもので、カラフルなデザインが正月のめでたさを際立たせている。

はっぽー【ハッポー】 魚を入れる発泡スチロールの容器の俗称。❖昭和五〇年代までは、魚はトロ箱という木箱や樽などで入荷してきたが、ハッポーの出現によって魚荷の軽量化や保冷性の向上など、鮮度の良い魚の流通に大きな効果をもたらした。*　関連 トロ箱

ひね【ヒネ】 売れないままの在庫のこと。前の年から冷凍庫に眠ったままの冷凍品などをいう。❖ちなみに一昨年からのものは「ヒネヒネ」ともいう。類 兄貴

ふかす （冷凍マグロを）包丁が入る程度まで解凍する。❖「ふやかす」が転じたと思われる。

ぶっこみ デブロクの商品を同じ単価で扱ったり、まとめて売買したりすること。「構わないから、ぶっこみで頼むよ」などという。

＊一方で、ハッポーの登場は深刻なゴミ問題を生じ、その解決のため、河岸の中にリサイクル工場が設置された。

ぶどまり【歩留まり】（水産物の）全体に占める可食部分の比率。魚なら頭やエラ、粗を除いた部分、貝なら貝殻や肝以外の部分。❖カツオを三枚におろした場合六五%、さらに刺身用に皮を引くと四五%の歩留まり、などとみる。

ぶもどし【歩戻し】　大正時代まで、魚河岸の商売は一円につき一銭を小売商に与えるのがならわしだった。これが通称「アタマ」と呼ばれる「歩戻し」。つまりバックマージンである。❖中央卸売市場となってから、この旧弊は廃止されていったが、その有無が遠因となり昭和初期には二度にわたる買出人の不買争議も起きた。

ほうがくし【方角師】　小売の魚屋。特に江戸時代の棒手《てぼ》振り（天秤棒を担いだ行商人）の魚商人。❖天秤棒を担いで東西南北に売り歩いた姿からの呼称。同 笊《ざる》売り

ほくようもの【北洋物】　サケ、マスなど北洋で獲れる魚種。また、それらから獲れるイクラなどの魚卵。

ぽんころ【ポンコロ】 一本（尾）単位での売買。「こいつポンコロでいくらだい？」❖実際には河岸ではケース売りや日方売りが普通で、ポンコロで売られるのはトビウオくらいである。

まえかけ【前掛け】 長靴同様、水を使う商売には必携のアイテム。腰下のもの、胸あての付いたものなど種類は様々。❖活けものを扱う業者は、潜水服のように全身を覆う防水着を着用することもある。

まぐろのひ【マグロの日】 歌人・山部赤人が明石地方を訪れた際に、同地の盛んなマグロ漁を詠んだ歌が万葉集に残されている。それが詠まれたのが神亀三年（七二六）の一〇月一〇日と記されていることから、「日かつ連（現日本鰹鮪協同組合連合会）」によってこの日が「マグロの日」と定められた。類魚の日

まんじゅうや【マンジュウ屋】 河岸の中で飲料品、菓子、タバコなどを商う売店の通称。❖日本橋魚河岸時代に、菓子*の行商が市場内を売って歩いたことの名残りから。

＊当時の行商は毎朝、河岸の店に「まんじゅう」などの菓子を置いて回り、午後の河岸引けに食べた分だけ料金を取るというシステムで、「まんじゅう屋」という呼び名で河岸の人間に親しまれていた。

めきき【目利き】 個々の魚の適正な価値を見出し、顧客の需要に見合った魚を売買するための基準。❖一般には微妙な魚の本質を見抜く職人的な技能と思われがちだが、魚の商売においては、品物の良し悪しを見分けた上で、どれほどの利益が上がるかを公正に見ることのできる能力をいう。

やけ【ヤケ】 体温によって魚の身肉が変質すること。また、変質した魚。❖体温の急激な上昇は捕獲される際のストレスによって起こる。マグロ巻き網漁では一網打尽にされた数百というマグロが網の中で大暴れするため、海が沸騰するほどであるという。このような状態で漁獲されたマグロは身が茶色くヤケを起こしていることがあり、あまりひどい状態のものは事故品として扱われる。類打ち身、キズもの、事故品、病気《やまい》

やっちゃば 青果市場のこと。河岸のなかで「やっちゃば」といえば築地市場青果部を指す。❖同売場は京橋にあった「大根河岸《だいこがし》」*が関東大震災を機に、日本橋魚河岸とともに築地市場に収容されたものである。

やなぎばぼうちょう【柳刃包丁】 柳の葉に形が似た長刃の包丁。一度

*江戸時代には「神田多町および連雀町」「千住河原町」「駒込土物店《つちものだな》」が幕府御用の三大青物市場だった。

引くだけで切り口のきれいな刺身を作ることができる。昔は関西でよく使われたが、今では全国的に使われている刺身包丁の代表。

やまい【病気】 事故品の分類の一種で、病気にかかっている魚のこと。魚肉に一～三ミリ程度の白い斑点状のものがひろがる「ホシ」、ホシが溶けて赤黒い染みのようになった「アズキ」、魚肉が白くなる「シラクモ」などがある。ホシやアズキは食べても健康上差し支えないが、「シラクモ」は食用不可なため、著しく商品価値が下がってしまう。類打ち身、キズもの、事故品、ヤケ

やり【遣り】 セリ取引で仲卸が提示するセリ値のこと。「遣りをつける」などという。❖河岸ではオークション形式の上げゼリが一般的。

ゆうがし【夕河岸】 夕方開く魚市場のこと。売れ口の悪い夏場に、上総方面から大量に届いた小魚を午後にまとめ売りするために考案された。現在は行われていないが、日本橋魚河岸時代には夏の風物詩であった。❖夕河岸の主な商材はアジ。虫の声を聞く時分になるとイワシが出まわり、朝市ほど

ではないが賑わったという。

よつや【四谷】 東京の魚屋語で、魚を四つ切りにすること。「おい、このサバ四谷にしておいて」❖地名の「四ッ谷」にかけた隠語。

よぶ【呼ぶ】 (魚を)仕入れる。仲卸が買出人に「あなたのために呼んだ魚ですよ。連れてってくださいよお」などと使う。類連れていく

よやくあいたい【予約相対】 荷受が出荷者に対し、二日以上前に買取物品の価格と数量を予約しておくこと。❖昭和四六年の卸売市場法で集荷安定策として取り入れられた。スーパー、量販店の計画販売に対応するものであるが、変動の激しい卸売市場では、契約価格と当日相場との乖離差によるリスクもはらんでいる。

ランドリー 太平洋戦争後、築地市場のかなりの部分はGHQに接収され、米軍の駐屯地となった。現在の青果部のあたりには大規模な洗濯場(ランドリー)が作られていた。

りんじきゅういちび【臨時休市日】 土日祝日以外に設定される市場の休み。現在は水曜日が不定期に充てられている。❖バブル期に人手不足が深刻化した市場が、その解消のために設定した。ただし生鮮市場の性格上、連休や休日の固定化は困難で、いまだに流動的な休日設定となっている。

ろうびき【蠟引き】 魚の売買に使う茶色い袋。油紙を使用しているので防水性が高い。❖丸のままの小魚やエビなどを入れるが、アワビやトコブシといった一枚貝や、ナマコなど生身がむき出しのものには、油が付くため使わない。

ろかかいすい【ろ過海水】 仲卸店舗には水道栓がふたつある。ひとつは真水で、もうひとつが海水。鮮魚取扱に海水は不可欠である。この海水は隅田川河口より取水し、ろ過処理したもので、卸売場にくまなく給水されている。❖海水使用料は水道料金ではなく施設使用料に含まれるので、出しっ放しにする店が多い。

＊出荷者にとって休日は大変に不都合で、「人間様の胃袋には休みはねえよ」というのが昔からの言い分。他方、利用者もいちいち確認しなければならずに不便。休日ひとつとっても市場はやっかいなのである。

＊市場風俗のひとつとしても登場する蠟引き。雨が降ったときには、上部を折りこんだ蠟引きを帽子がわりに頭にかぶっている市場人をよく見かける。

わかいし【若い衆】 仲卸の下で働く使用人の通称。河岸では下働きの者を年齢に関係なく「若い衆」と呼ぶ。❖「今若い衆に行かせるよ」と言われて待っていると、とんでもないおじいさんがあらわれることもある。「若い衆さんで?」と訊くと「へえ、そうです」と答える。河岸では生涯「若い衆」で終わる者も多い。

わたばこ【わた箱】 仲卸店舗などで魚腸骨をためておく容器。毎日決まった時間にわた屋（集荷業者）によって回収される。

築地魚河岸は一日にしてならずっ！

東京都中央卸売市場築地市場。略して築地市場——世間で言う築地魚河岸の正式名称だ。だけど、中にいる俺達はもちろん、仕入れにやってくる魚屋、鮨屋、スーパーのバイヤー、出入りの機械屋、ついでにヤクルトのおばちゃんまで、誰もこんな長ったらしい名前なんかじゃ呼ばねぇ。〝カシ〟のひと言でおしまいだ。こりゃいわば愛称ってヤツだな。

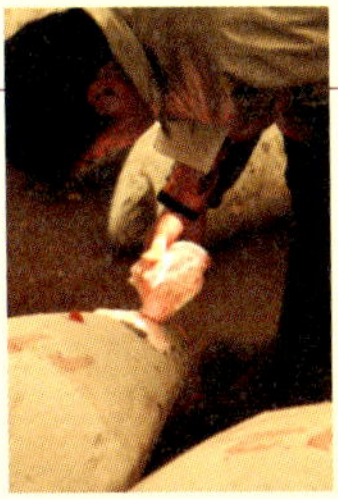

こないだお客んトコ行って、夕方の誰もいない河岸ん中をウチの若い衆と歩いてたら、「しかし河岸はきったねぇなぁ〜、でもイイんだよなぁ〜」とポツリと言ってた。河岸の魅力っていうと、たいがいの人は魚が美味しくていいよねぇ〜、なんてこと言うけど、決してそれだけじゃぁねぇ〜。たしかに今や世界中から観光客も集まるようになって、場内外を問わず飲食店は毎日長蛇の列だ。美味いモン出す店は多いが、あれだけ長い時間並んで喰やぁ〜何喰っても美味ぇとは思うわなぁ。しかしせっかく河岸に来たんなら喰いモンもさることながら、その独特の空気感ってのも感じてほしいな。

　河岸に来てる人からよく「ココに来ると元気になるわぁ〜」なんてセリフを聞くことがある。一般的なイメージでも魚屋ってのはヤケに元気だろ？　俺なんかも昔っから無駄な明るさ〝便所の一〇〇ワット〟って呼ばれてきた。こりゃ新鮮な

魚を新鮮なまま消費者に届けるため、とにかく急いで仕事をするってんで、元気な人が多いんだって、俺も昔はそー思ってた。でも実はそれだけじゃねぇんだよ。

魚河岸ってトコはいわずと知れた魚市場、日本各地のみならず世界中から魚が集まってくるところだ。魚ってヤツは海という過酷な大自然の中で生き抜いてきた連中だ。特に日本人が大好きなマグロやカツオといった回遊魚は、二四時間三六五日、眠らずにずぅ～っと泳ぎ続けてる。聞くところによるとカツオなんか、あんなに小さな体のくせに一年で何万キロって泳ぐらしい。詳しい生態のことなんかは俺にゃぁ分からねぇが、その生命力ってのは想像もできねぇ、ものすごい力強さがあるんじゃねぇかと思う。その人知を超えた大自然に育まれた生命力が毎日毎日、ここ魚河岸には集まってくるんだ。それも七十年以上も続けてだよ。

魚河岸に沁み込んだ
生命力を
感じてくよっ！

だから来た人が元気になったり、働いてる俺たちが元気だったりするのは、魚の生命力が河岸っていう土地に深く深く沁み込んでるからじゃねぇかとさえ思う。そのうえ、俺たちは毎日その新鮮な生命力をじかに触ってるんだ。しかも、バクバク喰っちまってる。否が応にも〝便所の一〇〇ワット〟になるってわけだっ！

　日本橋魚河岸から数えりゃ四百年、築地に移って七十有余年。それだけ続くには理由ってモンがある！　のんびりと美味い魚を喰いに来るってのも結構だけど、せっかく来るんならちょっと早起きして、魚河岸に沁《し》み込んだ海の生命力と、魚たちの息吹を感じてほしいモンだ。

　ただし観光気分でのんびり歩いてちゃいけねぇよっ！　江戸ッ子よろしくチャッチャッと歩くんだ。そーやってひとまわりする頃にゃぁアンタん中にも、活き活きとした生命力が沁み入ってきてるはずだぜっ！

築地点描

AM 6:30

【マグロをさばく】
セリ落としたばかりの本マグロを巨大な包丁で解体していく。
手際の良い作業姿には江戸の「勇み肌」の気風が受け継がれている。

第二章【応用編】

奴は死んだよ……。しばらく顔を見せないだけで、こんな物騒な噂が飛び交うのが築地魚河岸。ここでの威勢良いやりとりや、表からは見えない入りくんだ仕組みを正しく理解するための、応用編五〇語。

あきないのしやわせ【商いのしやわせ】 仲卸が使う内符牒の代表的なもの。あ=一、き=二、な=三、い=四、の=五、し=六、や=七、わ=八、せ=九、という具合に九つの文字を数字に対応させて使う。お帳場さんにおおっぴらに金額を通したくないときに、「はい、○○さん、きの〜」などと伝える。「きの」とは「二五」、つまり二万五千円（あるいは二千五百円）を意味する。関連 符牒

あげぜりとさげぜり【上げゼリと下げゼリ】 卸売市場のオークション*には、大きく分けると上げゼリと下げゼリの二種類がある。上げゼリは参加者が指値をつけて入札する方法で、セリ人が現在価格を参加者に伝え、高値をあおっていく方法。マグロのセリがこれ。下げゼリは最初に高値をつけておき、入札者があらわれるまで徐々に価格を下げていくやり方。花卉《きか》（観賞用の草花）市場では機械ゼリによる下げゼリが主流。

いそがしいからあとにしろ【忙しいから後にしろ】 河岸で市場人に話しかけると、たいていこの言葉が返ってくる。人々が激しく行き交う繁忙時の市場内。あまりにダイナミックな市場人の動きは、一見めちゃくちゃ

＊地方の市場では、参加者が一度だけ値を提示し、その中の最高額で落札者を決定する「一発ゼリ」も行われている。また、「下関南風泊市場」のフグの「袋ゼリ」は、荷受と仲卸が筒型の袋の中で指を握り合って値を決めるというもの。セリの方法は千差万別である。

に見えるが、実は極度にルーティン化された行動パターンをとっている。ぶつからないのが不思議とも思えるターレの動きも、小車に積まれた今にも崩れそうな魚荷も、そのリスクはすでに織り込み済みであり、見た目ほど危険ではない。

このように常に無駄のない動きを機械的に反復している繁忙時は、タバコ一本吸うのでも無意識に計算して動いているのである。ゆえに、むやみに声をかければ、「忙しいから後にしろ」と言われてもいたし方ないのである。

いちばとしじょう【市場と市場】

「市場」と書いて「いちば」とも、また「しじょう」とも読む。同じ字を当てているが、読み方によって若干意味合いが違う。

「いちば」とは定期的に商人が集まって生産物を売買する場所のこと。古く室町時代には、寺社や豪族の領地内に市が立ったことから「市庭《いちば》」と呼ばれた。一方「しじょう」は、特定の商品の価格形成が需給によってなされる場所。中央卸売市場や証券市場はもちろん、為替市場なども含め、有形無形の商品の値段を決める場所が「しじょう」だ。

しかし、河岸を訪れると、そこが人を介してモノが活発に取引される、ま

ぎれもない「いちば」であり、また、日々の取引を通じて、水産物および青果の価格形成が行なわれる「しじょう」でもあることに気づく。現実の世界では両者の区分はとてもあいまいなのだ。

いわし【鰯】

近年は資源量が激減し、マイワシなどは高級魚か？ と思わせる値のつくこともあるが、一九八〇年代には爆発的な漁獲量を誇り、水産物自給率をイワシだけで支えていた。

しかし、需要をはるかに越えた漁獲だけに次のようなエピソードもある。セリ人が、売り切れないイワシを引き受けてくれないかという。「いくらだい」とたずねると、「二〇〇円」。「キロ二〇〇円なんて高すぎるだろ！」仲卸は怒ったが、そうではない。一〇kg入りケースが二〇〇円。これを一〇〇ケースで、一t二万円だと言う。義理で引き取った仲卸だが、もちろんさばききれる量ではない。たたき売りし、知人にどんどん配り、がんばって毎日食べても、大部分を処分するハメに。しかし、イワシの入っていた発泡ケースを洗って売ったら、五万円で売れてモトが取れた、というお話。

うすぎとあつぎ【薄着と厚着】

河岸では、真冬にタンクトップ姿や上

半身裸の人がいる。かと思えば、猛暑のさ中に防寒着を身にまとった人もいて、外部の人から見ればまったく季節外れの装いである。

というのも、河岸の仕事は基本的に肉体労働である。汗のほとばしる送荷作業のうちに、勇み肌の気風もあって、その隆々たる筋肉を誇るべく、冬でももろ肌をさらすようになる。一方、冷凍水産物の保管は、室温マイナス四〇℃という超低温冷蔵庫で行われ、真夏であろうが極地並の温度環境での過酷な労働になる。そのため、冷蔵庫に出入りする者は炎天下でもぶ厚い防寒着が手放せない。常夏の亜熱帯から極寒のツンドラまで、河岸には通常の季節感とは異なる作業場ごとの温度環境があるのである。

うらやすのしゅう【浦安の衆】 浦安出身の仲卸業者の通称。昭和三〇年代後半から、東京湾の汚染などによって漁業権を放棄した浦安の漁民たちが、魚商人へと転身して次々と築地市場に移ってきた。彼らは、仲卸業者に雇用されて経験を積んだ後、資格を取得して独立。浦安出身の仲卸は全体の一割強といわれる。その多くは、特種物業者や大物業者だが、両者とも「浦安の衆」の市場流入と軌を一にして需要を伸ばした業種である。❖排他的な河岸において、当初彼らは、地方の漁師あがりといった見方をされることも多かったが、独自のネットワークや勤勉な仕事ぶりから、現在では一目置かれる存在となり、確固たる地歩を築いている。関連貝のむき手

うわみとしたみ【上身と下身】 横置きのマグロの上側が上身、下側が下身。マグロは水揚時に船上に横たえられてから、輸送の間はもちろん、セリ場に並べられる際も、仲卸が店に運ぶ間も、ずっと同じ向きのままで寝かされる。下身には魚体の重みがかかるため、身割れを起こし鮮度が落ちるなどの理由から、一般に上身の方が価値が高いとされている。しかし、実際に上身の方が上質かどうかは、割ってみなければ分からない。

おとひめぞう【乙姫像】 日本橋のたもとに建っている乙姫さまの碑。かつて魚河岸が日本橋にあったことを記憶にとどめようと、昭和二九年に魚河岸関係者によって建てられた。首都高が頭上を走り、人が忙しく行き交う中にひっそりとたたずんでいる。あまり目立たないが、かつての魚河岸の存在をとどめる数少ない旧跡であり、久保田万太郎による含蓄ある碑文*が添えられている。

*「……じつに三百餘年魚河岸は江戸及び東京に於ける屈指の問屋街としてまた江戸任俠精神發祥の地としてよく全國的の羨望信頼を克ちえつゝ目もあやなる繁栄をほしいまゝにするをえたり……」と綴《つづ》られている。

AM 9:00

【行き交うターレ】

河岸の代名詞とも言えるターレットトラック（通称・ターレ）。
築地という巨大市場を支える男たちが、場内を縦横無尽に駆け回る。

かいのむきて【貝のむき手】 貝むき包丁を使いアサリやハマグリをむき身にする「貝むき」は浦安の伝統的な技術。かつて浦安周辺では貝むきの練習をする女の子の姿がよく見られた。河岸の「浦安の衆」の店では、現在でも巧みな手作業で短時間に大量の貝むきをこなす「むき手」が活躍している。

関連 浦安の衆

かさい【火災】 小規模店舗の密集する仲卸売場は何度も火災に見舞われてきた。*大きなもので四つ、小さなボヤも含めれば、これまで五十回以上も火事が起きている。市場では場内警備員を配置し、自衛消防団を組織するなど対策を講じており、危機意識を高めている。❖出火の主因となる漏電は施設の老朽化によるものでもあり、市場再整備もしくは移転が決着するまで、火災の懸念はついて回るだろう。多額の費用をかけた定期的な店舗移動も、電気設備のメンテナンスが理由のひとつである。

かし【河岸】 築地魚市場の通称。河岸とは元々、水運が物流の主流だった江戸時代に荷揚げを行った川辺の場所のこと。当時は、米河岸、塩河岸、大根河岸《だいこがし》のように、「○○河岸」*という場所が数多くあったが、中でも魚河

*❶昭和五七年二月六日未明（ホテルニュージャパン火災の二日前！）の出火は、約一〇〇〇㎡が全半焼、一〇〇を超える事業所が罹災。死者一名。❷❸昭和六三年には二月と五月に火災が続発。それぞれ、六八、一二八の事業所が罹災。❹平成九年一二月には年末商戦たけなわの中で出火。一〇九事業所が罹災した。

岸が一番規模が大きく、単に「河岸」といえば魚河岸のことを意味した。その名残りから、実際には「河岸」ではない築地へ移転した現在でも、築地魚市場を慣例的に「魚河岸」と呼んでいる。❖各地にある魚市場は正式には「魚河岸」とはいわない。

かじきまぐろ【カジキマグロ】 カジキとマグロが混同された架空の魚。カジキをマグロの一種だと勘違いしている人も多いが、カジキマグロというマグロはいない。❖ではなぜ、こんな誤解が生じたかというと、話は昭和二九年まで遡《さかのぼ》る。ビキニ環礁の水爆実験で第五福竜丸が死の灰を浴びて、乗組員が被爆した大事件である。「このとき、漁獲物のカジキやマグロも一緒に放射能浴びちまってさ。大騒ぎしたマスコミが、『死の灰を浴びたカジキマグロが…』と報道したもんで、カジキマグロなんて通り名ができちまったってえわけさ」（仲卸談）。

ぎょうかい【業会】 河岸で「ギョーカイ」といえば、いわゆる「業界」のことではなく、仲卸業者の業種別*の団体組織のことを指す。❖「大物業会」「特種物業会」「海老業会」「塩干物業会」などのほか、サケマスなど北

*鎌倉河岸、茅場河岸、八丁堀河岸のように地名がついたもの、行徳河岸、木更津河岸のように荷物の行き先名がついたものがあった。ちなみに、河岸は町人の施設であって、武家地では同様の物資船着場を「物揚場《ものあげば》」と呼んだ。

*業会の規模は時代による水産物の消長と密接に関係があり、現在、最大規模の大物業会は約三〇〇もの仲卸からなる一方、試験捕鯨のクジラを扱う「東鯨会」に所属する仲卸はわずか四件である。

海で獲れる魚種を扱う業者の「北洋物業会」、主にウナギなどを扱う「淡水魚組合」、半生、半加工のものを扱う業者の「合物業会」、カマボコなど練りものを扱う業者の「練製品業会」などがある。

くれてやれ【呉れてやれ】 「(魚を) 持っていけ」の意。河岸の旦那が、小売の魚屋の値切りに応じる際の言い草。小売の魚屋に対してひどく尊大な態度をとることがあった昭和戦前の名残り。❖魚屋は魚の鮮度が落ちていたり、品質が悪かったりすると、値切りを掛け合うが、番頭と交渉していると奥から主人の「呉れてやれ」のひと声が飛んでくる。本当に呉れてやればカッコいいが、実際には元々八十銭の価値しかないようなものに一円の値づけをしているのだから、差額の二十銭をまけているにすぎない。

こぞうあがり【小僧上がり】 河岸の仲卸(仲買)に丁稚奉公した後、独立して店舗を構えた仲卸。現在では廃れた奉公制度だが、河岸では昭和四〇年前後まではあたりまえの就業形態だった。❖築地*であらたに中央卸売市場が作られたときに旗揚げした多数の新興仲買が小僧からの叩き上げである。それから八十年余。初代から数えて三代目が現在の築地仲卸の主流とな

＊因習に縛られた日本橋を捨てて新天地を望んだ彼らは、既得権益を守るために日本橋を離れまいとする斜陽の老舗とは対立する存在であった。

っている。

さかなのかぞえかた【魚の数え方】

魚の数え方は一匹、二匹、あるいは一尾、二尾などが普通だが、魚種によって個性豊かな数え方もある。タコやイカなどは「杯《はい》」と数えるが、これは貝の音読みの「バイ」からきている。タコもイカも広い意味では貝類と同じに分類されるからだともいう。カツオ、マグロなどの大型の魚は「本《ほん》」。丸太と同じような数え方。哺乳動物のクジラ、イルカは「頭《とう》」。変わったところでは、コイは「折《おり》」。これは祝い事などでうやうやしく折り詰にするから。シラウオ、サヨリなど細長い魚は箸ではさんで数えたことから「条《すじ》*」という。

さばをよむ【サバを読む】

数をごまかす。魚河岸で生まれた慣用句ともいわれている。❖日本橋魚河岸時代、五十集《いさば》衆はサバを数えるとき、一度に手に握るサバの数を四匹として、これを一〇〇回くり返せば四〇〇尾、という具合に実におおらかな数え方をしていた。その際、一度に握る数を一匹ごまかして三匹にしたりすることがあったので、「ごまかす」ことを「サバを読む」というようになった。

* 「二十条」まとまると「一樗蒲《ちょぼ》」と繰り上がる。他にも、同じ「枚《まい》」で数えるスルメは「十枚」束ねると「一連《れん》」だが、ノリは「二〇〇尾」「一帖《じょう》」。ニシンは「二〇〇尾」で「一束《そく》」となる。

しおまちぢゃや【潮待茶屋】　買荷保管所の俗称。*買出人の荷物を一時預かりする場所で、江戸時代には「棒手振《ぼてふり》茶屋」ともいった。配送の差配をしたり、買出人がひと休みする場所を提供したことから「茶屋」と呼ばれた。芝居町や遊郭の「茶屋」と同じような意味合いである。日本橋魚河岸に面した日本橋川は水深が浅く、干潮時には荷揚げができなかったため、買出人がお茶などを飲みながら上げ潮を待つ光景がよく見られた。❖現在でも、「潮待茶屋組合」としてその名が残っている。

したごおりとみずごおり【下氷と水氷】　流通時に詰める氷と魚の状態を表す語。破砕した氷の上に魚を乗せている場合を下氷、氷と塩水が混じった中に魚を入れている場合を水氷という。❖塩水によって水温が低下するので、アジ、イワシ、サバなど鮮度低下が著しい多獲魚に水氷が用いられる。しかし、水氷ではケースの中で魚が動いて傷つきやすい。そこで鮮度低下がゆるやかで、極端に冷やす必要のないマダイやヒラメなどの底魚は下氷で流通することが多い。基本的には魚の特性によって使い分けられるが、高級魚ほど下氷を使うというイメージがある。

*これらの茶屋は大正一一年の調査では、日本橋魚河岸に二二〇軒あり、うち専業者は五分の一程度。多くは、問屋、仲買その他が副業として営んでおり、手数料も相対で条件を定め、「おぼしめし」程度だった。

ジャンボまぐろ【ジャンボマグロ】 大西洋クロマグロ（＝ホンマグロ）の俗称。ボストン近海の漁場で獲れたものが羽田に空輸されるようになった昭和四十年代、その輸送を主として担ったのがデビューしたばかりの大型旅客機ボーイング747（＝通称・ジャンボジェット）。この*「ジャンボ」ジェットで空輸されてくるマグロ、ということから、築地では誰とはなしにジャンボマグロと呼ぶようになった。現在では地中海方面で獲れたものも含め、成田に空輸される大西洋クロマグロ全般を指す。❖ちなみに英名は「ジャンボツナ」ではなく「ジャイアントツナ」（＝giant tuna）である。

しょうごう【商号】 仲卸の商号は漢字二文字ないし三文字の組み合わせになっているものが多く、また、ほとんどの場合は湯桶《ゆとう》読み（＝上の語を訓で、下の語を音で読む漢字の読み方）となっている。これは、例えば「鷲屋善四郎→鷲善《わしぜん》」「今津屋源右衛門→今源《いまげん》」「須賀屋甚助→須賀甚《すがじん》」のように、*江戸時代の魚問屋・仲買の商号が「屋号（〇〇屋）＋店主名」を省略した表記であった流れをくんでいるためである。

しんだ【死んだ】 河岸では三日も顔を見せないと「死んだ」ことにされ

＊「ジャンボ」という語は、一九世紀後半にロンドン動物園で人気を博した象のジャンボから転じて、「ばかでかい」の意で使われているが、ジャンボマグロは「ばかでかいマグロ」の意ではない。

＊江戸時代、魚河岸と犬猿の仲だったのが、その隣の伊勢町にあった米河岸。魚河岸に多く見られた「米屋」の屋号は、実は、米河岸の凋落にともない、この伊勢町から魚問屋に転身した米屋太郎兵衛が、その最初である。

てしまう。ちょっとカゼをひいただけでも、「ガンだったらしい」とか「脳卒中だぜ」とか「首くくったそうだ」などと死因まで勝手に決めつけられたりする。さらに、「昨日、通夜だった」などとまことしやかに言い出す輩まで出てくる。しかも、冗談で言っているうちに、みんな本当に死んだと思い込んでしまうから、また不思議である。

しかし、本人がひょっこり河岸に出てくると、みんな別段驚きもせず、何事もなかったかのように元通りのつきあいをする。本人も噂に怒るわけでもなく、別の誰かが河岸を休んだりすると、「奴は死んだな」などと今度は自分が率先して噂を流したりする。

たいへんだ【大変だ】 河岸で何かというと使われる言葉。でも本当に大変なことはまずないといってよい。市場人は事件好きであって噂好きでもある。実際河岸では毎日小さな〝事件〟はひっきりなしに起こる。「大変だぁ〜、包丁で腕落としたそうだ」「大変だよ〜、人が轢《ひ》かれて瀕死の重傷だってさ」…。実際には包丁で切ったのは指先だったり、買出人が小車に足踏まれただけだったり、とかいうオチになるわけだが、とにかくまずは「大変だあ〜!!」と、とりあえず大騒ぎになるのが河岸の日常。しかし、一分後には何が大変だったのかすら覚えているものはいない。

たかくぎょ【多獲魚】 アジ、サバ、サンマなど群れをなして移動する魚の総称。しかし個々の魚種については激しく増減をくりかえしている。たとえばイワシなどは一〇〇年という大きな周期で増減しており、漁獲量もおよそ一〇〇万トンから一万トンまでの差が生じ、いちがいに多く獲れる魚と名付けるのは乱暴かもしれない。❖イワシとサンマの漁獲量は逆相関で、イワシが増えればサンマが減り、サンマが増えればイワシが減ると指摘する声もあるが、そのメカニズムは明らかではない。

たてねしじょう【建値市場】 産地から築地市場に入荷した商品が他の市場へ転送される場合、築地市場の価格が基準となり、他市場での価格が決定する。このようにプライスリーダー的な役割を果たすことから、築地市場（とくに水産物部）は建値市場といわれてきた。関連【ハブ機能】（中央卸売市場が持つ）他市場への転送機能。市場の重要な機能のひとつであり、平成二四年をめどに開場予定の豊洲新市場計画は、ハブ機能を果たせる基幹市場構想が目玉のひとつとなっている。

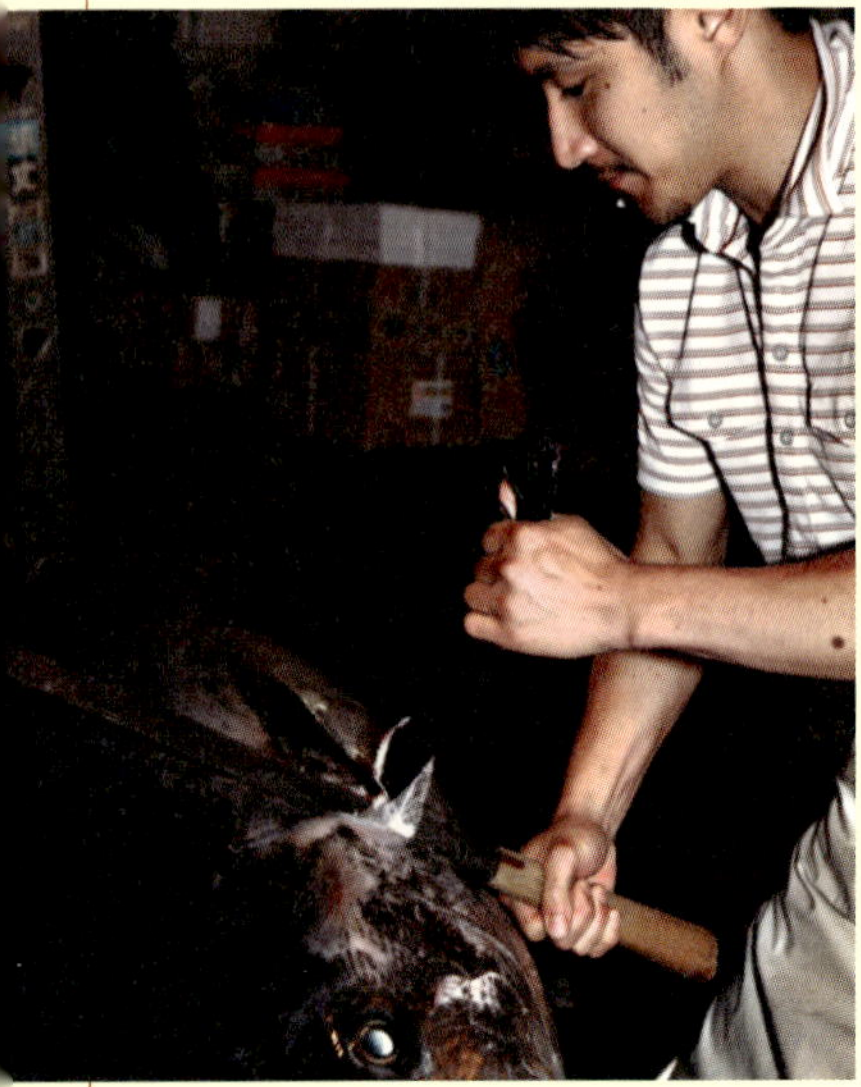

江戸の〝粋〟と〝いなせ〟を感じてくれよっ！

現在でも東京・日本橋のたもとに日本橋魚河岸の記念碑が建っている。その碑に『江戸任俠精神発祥の地』ってな文句が書いてある。任俠精神ってぃやぁアンタっ！「弱きをたすけ強きをくじく」っていう、まるでどっかの正義の味方のセリフみてぇじゃねぇかっ！　これを見るたんび単純な俺はウルトラマン、仮面ライダーの流れをくむのは俺だって気分になって、すっかり嬉しくなっちまう。たまたまその魚河岸で今生きてるだけな

のにね。

日本橋魚河岸について書かれた文献なんかを読んでみると、ナカナカ勇ましい話が出てくる。そんな威勢の良い魚河岸の気風が歌舞伎の『助六』を生み、一心太助みてぇな架空の人物を創り出したんだろうなって思う。

ときは移って現在の築地魚河岸。最近はテレビのロケなんかも年中入ってるし、シロート（観光客を含め一般客をひと括《くく》りでこう呼ぶ）も多くなってきたんで、すっかり上品になってきた。まぁ河岸でいう上品なんかはたかが知れてるけど。

俺が河岸に入ったばかりの頃はホントにおっかなかったぜ。あっちこっちで喧嘩をやってた。昔っから「火事と喧嘩は江戸の華」なんてこと言ったけど、お坊ちゃまのボクはホントにそーなんだなぁ〜と思ったモンだ。その中でも一番印象に残ってる喧嘩がある。

ある日の河岸引け、何があったか知らねぇが、

屈強の大男が大酔っ払いになって、刃渡り一m弱のマグロのおろし包丁を振り回して暴れてた。そこに通りかかったのが、口数少なく小柄なんだが、河岸ん中の若い衆から一目置かれてたアンちゃん。やおらジャンパーを脱ぐと左腕にぐるぐる巻きだした。その左腕でその包丁を掴《つか》むや否や、あっという間にその大男を伸ばしちまった。ここまでなら昔の任侠映画に出てくるシーンだが、その後日が良かった。その大男とアンちゃんがたまたま行きあった所に出くわしたんだ。

「こないだはどーもすいやせん」と大男。

「気にすんな。呑みたくなる気持ちも分かるが、おめぇはクセが悪ぃぃんだ。これからはほどほどにしなよっ」とアンちゃん。

お互いにネコを引いてたモンで、すれ違いざまのこれだけの会話だった。アンちゃんのジャンパーの背中には立ち回りのときの包丁傷があった。いやぁ〜鳥肌が立ったねぇ〜。

河岸ってとこには
まだまだ江戸が
生きているんだよ！

さすがに現在はこんなことやったら大変な騒ぎになっちまうけど、いい意味でまだまだ魚河岸には任侠精神が残ってると思う。ガラが悪い（センスが悪い？）だけじゃなく、人相や口の悪いヤツも多いけど、たいがいは魚好きの気のいいヤツばかりだ。河岸に来たら、試しに人相の悪いヤツに勇気を持って話しかけてみなよ。素直に教えてって気持ちで接してみればいい。不器用だけど、きっと親切に（ソイツなりにだけど）色々教えてくれるはずだよ。

今どきホントに不思議なんだが、あのゴチャゴチャした河岸ん中で財布を落としても、たいがいは見つかるんだよ。それも中身はそのままでね。

「江戸ッ子は皐月の鯉の吹き流し　口先ばかりではらわたは無し」

時代が変わっても、相も変わらずツッケンドンで不器用なんだが、河岸ってとこは、まだまだ江戸が生きてるとこなんだよ。

つきじうおがしさんだいめ【築地魚河岸三代目】 青年漫画誌[*]『ビッグコミック』（小学館）連載中の漫画。築地市場を舞台に、魚とそれを扱う人間模様を人情味あふれるタッチで描いた作品（原作・大石けんいち→鍋島雅治→九和かずと、作画・はしもとみつお）。❖同作品のヒット後、「魚河岸三代目」をキャッチフレーズにする飲食店が急増した。世間的には〝三代目〟というと老舗の跡取りというイメージがあるが、河岸では築地に移転したときに、あらたに仲卸業を始めた世代から数えて現在がちょうど三代目。石を投げれば当たるというほど〝三代目〟は多い。河岸の発展期を経験した二代目から引き継ぎ、バブル崩壊後の不況期を体験してきた世代だけに苦労の多い〝三代目〟である。

つきじがわ【築地川】 築地をとりまく水路の通称。もともと川ではなく、実際には、海水の干満差による流れがあるに過ぎず、現在ではほとんど埋め立てられている。築地川およびその支川に囲まれた区画は、武家屋敷、海軍用地を経て、現在の築地市場として利用されるに至っている。❖明治初年、付近に外国人居留地が開かれた一方、花柳界の匂い漂う「新島原」遊郭が作られるなど、当時の築地川周辺は独特の風情を醸し出していた。

＊主人公のモデルとされる小川貢一さんは元仲卸。奥さんはアニメ『うる星やつら』（原作・高橋留美子）のラムちゃん役の声優・エッセイストの平野文さん。二〇〇八年には映画化された（松竹）。

つきじひょうじゅんじかん【築地標準時間】 河岸の朝は早い。それもハンパではなく早い。何しろ前日夜の長距離トラックの到着をもって早朝と思っている人もいるのだからかなわない。およそ午前六時に繁忙のピークに達し、お昼にはほぼ店じまい。日が傾く午後三時過ぎには市場内はすっかり閑散となり、市場人にとっての真夜中となる。❖どうやらグリニッジ標準時（GMT）、日本標準時（JST）などと並んで築地標準時（TST）というのがあるようで、世間とはおよそ七時間の時差で動いている。河岸にやって来る買出人は、日付変更線である海幸橋を渡るところで、腕時計を調整する。*

つきしま【月島】 佃島に隣接する埋立地。交通の便の良さから多くの市場人のベッドタウンとなっている。明治時代に築かれた埋め立て地で、埋め立て当時、現在の月島一丁目より四丁目までを一号地、勝どきを二号地、三号地、晴海を四号地と呼んでいた。❖明治三六年に深川と佃を結ぶ相生橋、昭和一五年に築地と二号地を結ぶ勝鬨橋が架けられるまではまさに島で、渡し船により行き来していた。*

＊そんなわけで、「朝イチで来い！」と言われて朝六時頃行くと「おせえぞ！」と怒鳴られる。この場合の朝イチとは、まあ午前三時くらいだろうか。

＊大正時代には四号地に関東初の海水浴場が作られ、昭和一五年の皇紀二六〇〇年を記念とする万国博覧会の会場に選ばれ（結局中止となる）るなど、月島地区は、明治期より東京の都市計画の実験地のような性格を帯びていた。

てやり【手遣り】 セリのときに仲卸が値段を示す、指によるサイン。セリを円滑に行うため仲卸は希望落札金額を口頭ではなく、指を使って提示する。これを「遣りをいれる」という。二ケタの数字は手遣りの組み合わせで表わせるが、セリ合っている最中は、端数の遣りしか入れないことが多い。たとえば二五の場合なら、十は無視して、五とだけ遣りをいれる。また、二八、二九…とセってきて三十となったときには三の遣りだけを入れる。❖とはいえ、セリは手遣りだけで整然と行儀良くいくわけではない。腕を大きく振り上げてセリ落とす仲卸もいれば、熱くなってセリ人を睨みつけたり、うなり声を上げる輩もいる。要は「この魚はオレが落とすんだ」という意志を周囲に強く伝えるのがセリであり、気合の勝負というわけだ。

てんぽいどう【店舗移動】 仲卸店舗の配置替え。鉄道貨物のプラットホームを引き入れるため扇形に作られた仲卸店舗は、位置により面積の差があり、売り上げにも差が生じてしまう。そうした不公平を失くすために一定期間を経て、配置替えが行われている。❖昭和三四年からは、新店舗の増設による格差拡大を是正するため、買荷保管所の配置替えを行うとともに、店舗を位置と面積によって格付けし、調整費が賦課されることになった。

＊移動作業は土曜の営業終了後から日曜日を経て、月曜の夜明けまでの足かけ三日間で行われ、総費用はざっと二億円程度といわれている。

とうきょうとちゅうおうくつきじごのにのいち【東京都中央区築地五‐二‐一】 中央卸売市場築地市場の住所。*東京ドーム五個分もの広大な市場施設内はすべて同じ地番のため、市場内を回る郵便局員や宅配便の配達員は大変である。それでも郵便物が行方不明ということはほとんどなく、ときには〝中央区五‐二‐一築地市場　〇〇様〟などというおよそテキトーな宛先までちゃんと本人の手に渡るのだから、市場内の配達員はまさに手練《だ》れの者たちといえる。一方、悪質な勧誘の手紙などは、まず本人に届かない、というのは便利であり、不思議でもある。


とくしゅメニュー【特殊メニュー】 魚がし横丁の飲食店には、わがままな市場人の要望によってできた「特殊メニュー」が数多く存在する。

洋食「豊ちゃん」のメニュー「アタマ」は、かつ丼の具だけを別に盛ったもの。ご飯と別に、あるいは一杯飲みながら食べたいというリクエストにより作られた。さらには、脂のあるロースかつを「あるアタマ」、脂の少ないヒレ肉のものを「ないアタマ」などと呼ぶ。同じく「豊ちゃん」の「合がけ」はカレーとハヤシの合がけライスのこと。これは同店が日本橋魚河岸にあった当時、市場内で馬をひく馬子さんたちが、片手で食事を取れるよう

＊市場施設内の主な通称。
正門…正門のある付近。

青果門…青果部の出入り口。

旧時計台通り…水産部と青果部の間、時計台のあった通り。

二側…仲卸売場新店舗裏の通り。

一〇〇〇番裏…仲卸売場一〇〇〇番台裏の通り。特にマグロのセリ場付近を檜舞台通りともいう。

岸壁…隅田川沿いの元船着場のところ。

立体駐…勝ちどき門側の立体駐車場付近。海軍経理学校があったことから、経理学校跡地ともいう。

かちどき門…勝鬨橋際の出入り口付近。

に、ひと皿に複数のメニューを載せたのが始まりという。

また、中華店「ふぢの」ではメニューにはない「チャーシューメンまいたとこ」と注文する市場人がいるが、これは「脂の巻いたチャーシュー」の略である。さらに、常連になると硬めの麺を「強《こわ》めん」、とても硬くゆでた麺を「針金」などと注文する。

ちなみに、「つゆだく」「つゆぬき」などの特殊メニューが有名な「吉野家」*でも、築地本店には冷たい飯に熱い汁をかけた「ツメシロ」、脂身を多くした「トロだく」などの特殊メニューが存在している。

どらこう【ドラ公】 いわゆるドラ息子の略。遊びが過ぎて身代を傾かせる放蕩《ほうとう》息子が落語などによく登場するが、河岸では現実にそういうドラ公が多くみられた。築地の開場当時に苦労して商売を始めた初代仲卸に比べ、二代目、三代目は、高度成長期に代替わりしたこともあり、仕事もそこそこに遊びに血道を上げる者が多かった。❖バブル崩壊後は仲卸の経営悪化によりドラ公はほぼ絶滅。かつてのドラ親父たちが今も河岸の片隅でひっそりと生息しているのみである。

＊「吉野家」は明治時代に日本橋魚河岸で開業。市場とともに築地へ移転したもので、現在の築地本店が一号店なのである。余談だが、「BSE問題」で牛丼販売を中止したときも、築地本店のみは独自の仕入れルートを使い、販売を続けていた。

なかおろし【仲卸】 仲卸*とは、市場開設者（築地の場合は東京都）の許可を受け、セリを通じて卸売会社より仕入れた商品を市場内で小売店などに販売する業者のこと。❖市場商品の価格は品質の良否や需給関係により大きく変化するが、仲卸はそれらの条件を加味しつつ、〝川上である漁業者〟〝川下である消費者〟のどちらの側にも立たず、公正に評価しなくてはならない（＝「評価機能」）。また、小規模店の需要に合わせて、大きな単位の商品を小分けにする「分荷機能」も仲卸特有のものである。手数料コストの観点などから、「仲卸＝中間搾取者」というイメージもあるが、これはまったくの間違い。仲卸は安定的な市場流通のために欠かせない機能を担っているのである。

ながぐつ【長靴】 長靴*は市場人のシンボルマークなので、毎日綺麗《きれい》に洗い、見栄えよく保つことが嗜《たし》なみとされている。ひと口に長靴といっても、種類も様々で、ブランドも多数ある。中でも市場人の人気は「ウロコの長靴」（築地場内に店を構えるゴム長靴専門店「伊藤ゴム」の商品）で、龍のウロコを形どった三角形のマークの長靴を自慢げに履きこなすのが粋とされている。短めでカラフルな女性向けの長靴や、寒さ対策にフェルトやスポン

＊仲卸は市場流通の重要なプレイヤーでありながら、各事業者の規模は零細である。彼ら小さな仲卸が、日々、切磋琢磨しながら形成する市場流通のダイナミズムこそが、いわゆる築地らしさを醸成してきたともいえる。いわば、仲卸は魚河岸の隠れた主役なのである。

＊ゴム長靴は、昭和初頭に河岸で生まれたといわれる。それ以前の長靴は革製で、値段は大卒初任給の四分の一くらい。高価なため、履けるのは店主かせいぜい番頭クラス。河岸の若いモンにとっては、「いつかはオレも長靴を」という憧憬の存在だった。

ジなどを裏地に入れた防寒長靴、冷凍庫作業などにはつま先に鉄芯が入って滑りにくくした鉄入防寒長靴などがある。

なみよけさま【波除さま】 築地市場に隣接して鎮座まします波除稲荷神社を、親しみをこめて「波除さま」と呼ぶ。今から三百五十年前の万治二年（一六五九）建立。築地の埋立工事が荒浪で難儀していた折りに、浪間を流れてきた御神体を祀ったところ、浪が静まったといわれ、以来築地一円の氏神となっている。❖同社が建つ南小田原町辺は明治の頃まで「向築地」と呼ばれ、昔ながらの漁師町風情の残る土地で、西洋風に彩られた明石町や粋な木挽町などとは雰囲気を異にした。日本画家鏑木清方《かぶらぎきよかた》の随筆に「鎮守波除稲荷の祭礼にここの獅子が出ると血を見ねば納まらない」とあるように、江戸の心意気が息づく神社である。

にうけ【荷受】 卸売会社のこと。「卸《おろし》」ともいう。中央卸売市場には国内外から魚を集める「集荷機能」、セリを原則として魚価を決める「評価機能」、大量の魚荷やマグロのような大きな魚を小分けして小売業者に売る「分荷機能」という大きく三つの市場機能がある。このうち荷受は「集荷機

通じて集荷することも多い。

生産者）からの「委託」または「買付」によって行なわれ、輸入品は商社を

能」を担っている。❖荷受の集荷業務は、漁業生産地の出荷者（出荷団体や

ねこ【猫】 猫は魚好き、という説に信憑《しんぴょう》性があるかどうかは意見が別れるが、河岸の周囲に猫が多いことから、やはり猫は魚が好きと思われる。また、河岸周辺の猫はたいてい毛ヅヤがよく太っていることから、比較的良好な環境にあるのだろう。河岸では商売上、表立って猫を飼うことはありえないのだが、ネズミ除けの意味もあって、彼らの存在をそれとなく認めている空気はある。それに築地の猫は商売もんに悪さをはたらくことはなく、「お魚くわえたドラ猫追っかけ」る光景はまず見かけない。そんなことから、猫はテリトリーを優雅に闊歩《かっぽ》し、河岸とはなんとなくゆるやかな関係を保っている。❖河岸引け時分の場内外は、猫ウォッチングの格好のポイントとなっている。

ばかやろう【馬鹿野郎】 築地市場の仲卸の間で何かと使われる言葉。「馬鹿野郎、この魚はいくらだ」「馬鹿野郎、景気はどうだ？」「馬鹿野郎っ」

…会話のすべてにバカヤロウがつく。つまり挨拶がわりの慣用句として用いられているのであり、罵《のの》しりの意味とは限らない。まあ、ほぼ「こんにちは」と同じ意味くらいにとらえておけばよいだろう。

ひきこみせん【引き込み線】 昭和五九年まで、河岸には鉄道が走っていた。当時の汐留駅から伸びていた貨物の引き込み線である。❖河岸では昔から大山詣だの富士講だの、行楽をかねての遠出が盛んだったが、その際には、東海道線の列車が引き込み線に乗って河岸まで迎えに来てくれたという逸話も残っている。ずいぶん豪気なものである。

ふう【風】 ❶魚の見た目のこと。ツヤツヤしていて、皮が薄くて、まるまると太っている魚を見て「風が良いね」などと使う。❷加工品の名称表示に多用されている文字。❖マグロの赤身を「とろみ油」で練ったものを「ねぎトロ」として売る、などということは、昔は平気だったが、最近では偽装表示となる。こうした場合、「ねぎトロ」と表記した後に「風」という文字が付記されることとなる。

＊築地の卸売場が大きく弧を描いているのは、効率的に荷物の積み下ろしをするため、プラットホームを長く確保する必要があったから。芝居の舞台に似ていることから、檜舞台とも呼ばれていた。

べんじょのひゃくわっと【便所の一〇〇ワット】 （人の振る舞いを指して）無駄に明るいことのたとえ。「お前ってヤツはほんとに便所の一〇〇ワットだな」◆軽く揶揄《やゆ》の意味を含んだ褒《ほ》め言葉。世間一般ではどうだか知らないが、河岸では（たとえ無駄であっても）明るい性格は美徳とされる。類夜明けのガス燈 関連無駄な元気

むだなげんき【無駄な元気】 魚を扱う人間は声がやたらに大きく、無駄に元気な人が多い。そもそも威勢良く魚を売ることで新鮮さを強調するのであるが、単なるセールストークというだけでなく、彼らからは身体から湧いてくる生命力すら感じられる。午前三時～五時は、たとえば樹木が大地より水を吸い上げる時刻であり、もっとも生命の〝気〟に満ちている、と説く人がいる。そのような時間に起きて働き、生命力そのものである魚を手売りするのだから、河岸の人間は自然と生命力に満ちている、といってもいいのかも知れない。関連便所の一〇〇ワット

めいじん【名人】 魚の良し悪しを見極め、それを正しく評価するのが仲卸の使命。それだけにみな魚を見る目には自信を持っている。ことにマグロ

は個体差が激しく、厳しい〝選魚眼〟が要求されるため、*マグロ仲卸には目利きを自負する者が多い。曰く、「指先が触れただけで中身が分かる」「外見を見ただけで分からなくっちゃ」、さらには「オレさまが近づいただけでマグロの方から〝アタシを買ってくださいよ。決して損はさせませんから〟と話しかけてくる」とまで語る伝説の名人もいた。❖ある時、マグロの目利き名人が何人くらい存在するのかを調べようと、セリ場の裏手から「いよっマグロ名人っ!!」と声をかけたところ、セリ場にいた三十数人全員が「何だ」と振り向いたという逸話がある。

やきじゃけのにおいのひと【焼きジャケの匂いの人】

昔、河岸では冬になると焼きジャケの匂いのする人が多かった。現在では固く禁じられているが、河岸のあちこちで焚《た》き火をする人がいたからだ。何しろ朝が早く、水や氷を使う河岸の冬は厳しい。冷えた身体には火が何よりのご馳走というわけで、みんなして焚き火を囲んでいた。その際に燃やされたのがシャケの入っていた木箱。これを火にくべると、実に塩ジャケを焼いたような匂いがする。その匂いがすっかり染みついた市場人は、河岸引けの電車では結構迷惑な存在だったが、道ゆくノラ猫には大変にモテていたとか。

＊河岸では一芸に秀でた名人がたくさんいる。アカガイを一分間に十個以上も処理するむき手。一gの狂いもなくシャケを切り分ける切り身職人。何百kgもの冷凍マグロをねこ車に満載して引っ張る配達員。超人的とも思えるこれらの能力は、毎日の反復作業の賜物である。

やくしゃのたまご【役者のタマゴ】　河岸の仕事は早朝より始まって昼過ぎには終わるので、他の職場に比べれば日中に自由な時間が作れる。そのため、河岸*の仕事をしながら役者やミュージシャンを目指す者は多い。夢を実現するための足かけの職業としては、河岸の仕事は悪くない。魚さえちゃんと扱えれば、他のことは一切問われないからだ。しかし朝早くからの重労働でもあり、二足のわらじを履くのはなかなか容易でない。また、魚を扱う仕事は辛いながらも慣れてしまうと病みつきになる――ことから、志半ばにして挫折。河岸に取り込まれて業者として落ち着いてしまう者が多いのが現実である。

やたらおおきなおとしもの【やたら大きな落とし物】　人とモノが行き交う市場内では落とし物が多く、午前中の繁忙時には落とし物の場内アナウンスが頻繁に流れる。特筆すべきはそれらがやたらと大きな落とし物である点だ。

「時計台通り前でズワイガニ二〇kgケース落とした人…」

「勝どき門駐車場裏にカツオ一〇ケースの落とし物がありました…」

聞き慣れると日常茶飯事のことと理解するが、初めて河岸を訪れた人は、

＊俳優の里見浩太朗さんは学校を卒業後、河岸で経理の仕事に就きながら役者となった。また、歌手の三波春夫さんも修業時代、叔父の経営する河岸の仲買店で働いていた。河岸引けには自慢の浪曲を聞かせ、人気があったという。

どうしてそんなものを落とすのだろう、と不思議に思うものらしい。

よあけのがすとう【夜明けのガス燈】（人の性質を指して）ボーッとしていることのたとえ。「何だテメエは夜明けのガス燈みたいなツラしやがって」❖今ではガス燈といっても通じないが、明治時代には常夜灯として魚河岸を照らしていた。多分、その時代からの言い回しだろう。夕暮れどきに点火夫が長い燈心で火を灯し、夜明けには消燈して回ったという当時のガス燈は、幽霊じみた、ボーッとゆらめく明かりが特徴的だったという。類便所の一〇〇ワット

第三章
【よもやま編】

今や圧倒的に「食」の街のイメージが強い築地だが、実は映画や文学の舞台として描かれることも非常に多い。そんな築地の本当の深みを極めるための、ガイドブックには載っていない、ちょっと深めのうんちく一八話。

いたぶね【板船】

魚を並べて売るための、幅二尺三寸、長さ五尺（約七〇㎝×一五〇㎝）の板。日本橋魚河岸では、これを路上にせり出し、魚を並べて商売をしていた。このことから仲買の売場使用権を「板船（＝板船権）」と呼んだ。

板船を公許したのは町奉行・大岡越前守。大岡は板船により仲買の規模や人員を確定し、それまでの無秩序な商いの統制をはかった。その後、板船は貸借や売買の対象となり、魚問屋の既得権となっていく。

同様の既得権には、日本橋川からの荷揚げに使用する平田舟（桟橋）の使用権である「平田舟権」、魚の貯蔵所を使用する「納屋使用権」などもあった。明治時代に魚河岸の移転問題が浮上した際には、これらの既得権益に対する補償が大きなネックとなった。

魚河岸が築地市場に移って以降、業者は市場使用料を支払うことで平等に売買できるようになったが、既得権益の補償問題は長く尾を引くことになる。昭和三年、板船権の補償金を求めた市場業者が市会議員に賄賂を贈ったことが明るみとなり、多数の議員が検挙された。世に言う「板船疑獄事件」は、昭和の大疑獄事件のひとつとして数えられている。

うおがしえいが【魚河岸映画】

魚河岸を舞台にした映画では、平成二〇年公開の『築地魚河岸三代目』（監督・松原信吾、出演・大沢たかお、田中麗奈ほか）が記憶に新しい。家業の仲卸「魚辰」で奮闘する恋人を助けようと、築地に飛び込んだエリート商社マンの主人公が、失敗を重ねながらも、河岸の世界に惹かれていく人間ドラマを描いたものである。

往年の映画ファンには、中村錦之助（萬屋錦之介）主演の「一心太助シリーズ」が懐かしい。江戸の魚屋・太助が大立ち回りを演じる勧善懲悪ドラマで、『一心太助　天下の一大事』（昭和三三年）以降、八作品が制作された。

河津清三郎主演の娯楽アクション「石松シリーズ」は、宮本幹也の原作を映画化。大人気を博した同シリーズは、『魚河岸《かし》の石松』（昭和三八年）を皮切りに『任侠魚河岸の石松』（昭和四二年）まで十作品が制作された。同作品の女性版ともいえる『魚河岸の女石松』も大ヒット。こちらは美空ひばりと高倉健主演により昭和三六年に封切られている。

ちなみに、任侠映画の傑作、「日本侠客伝シリーズ」の「関東篇」では、陰謀渦巻く魚河岸の血みどろの暗闘を描き出している。

【代表的な魚河岸映画】

『魚河岸帝国（決斗勝鬨橋）』（昭和二七年／新東宝／出演・田崎潤）

『魚河岸の石松』（昭和二八年／東映／出演・河津清三郎、島崎雪子）

『一心太助　天下の一大事』（昭和三三年／東映／出演・中村錦之助、月形龍之介）

『魚河岸の女石松』（昭和三六年／東映／出演・美空ひばり、高倉健）

『上を向いて歩こう』（昭和三七年／日活／出演・坂本九、吉永小百合）

『日本侠客伝関東篇』（昭和四〇年／東宝／出演・高倉健、南田洋子）

『お祭り野郎魚河岸の兄弟分』（昭和五一年／東映／出演・松方弘樹、江守徹）

うおがしぶんがく【魚河岸文学】

江戸任侠発祥の地と謳われた魚河岸。ダイナミックな商売のうちに人間臭さが見え隠れする独特の風情は、昔から世間の関心を集め、数多くの文学作品の題材や舞台として取り上げられてきた。

『魚河岸ものがたり』（昭和六〇年／森田誠吾）は、「かし」と呼ばれる築地の町に住み着いた青年と、そこに生きる人々との交流を細やかに描き、直木賞（第九四回）を受賞した。

金子洋文《ようぶん》の『魚河岸』（昭和五年）は、当時センセーショナルだった魚河岸の「板船事件」に題材を取ったプロレタリア小説。移転間もない築地魚河岸の風情が迫力ある筆致で描かれ、そのリズミカルな展開は、プロレタリア文学の域を超えて堪能できる傑作。

また、魚河岸ではないが、築地市場の青果部を舞台にした『青果の市』（昭和一六年／芝木好子）は、戦時統制下の青果仲買を切り盛りする娘・八重の懸命な姿を描き、芥川賞（第一四回）を受賞している。

漫画家・岡本一平の自伝的小説『どじょう地獄』（昭和七年）にも、主人公が日本橋魚河岸を歩きまわるシーンがあり、往時を偲ばせる。

【代表的な魚河岸文学】

『魚河岸の一年』（明治三六年／岡本綺堂）
『東京の三十年』（大正六年／田山花袋）
『魚河岸』（大正一一年／芥川龍之介）
『魚河岸』（昭和五年／金子洋文）
『どじょう地獄』（昭和七年／岡本一平）
『青果の市』（昭和一六年／芝木好子）
『魚河岸《かし》の石松』（昭和二七年／宮本幹也◆映画化に合わせ続編多数）
『若さま妖怪退治‐魚河岸殺人事件』（昭和五九年／颯手達治）
『魚河岸ものがたり』（昭和六〇年／森田誠吾）
『市場ボーイズ』（平成一四年／木林森）

えどっこ【江戸っ子】

お芝居や落語にあるように、「金の鯱鉾《しゃっちょこ》睨んで（=お膝元に生まれ）、水道の水を産湯に使い、拝搗《おがみづ》きの米（=白米）を喰い、乳母日傘《おんばひからかさ》に成人し（=大切に育てられ）、宵越しの銭を持たない」のが江戸っ子の自慢。江戸時代には河岸の人間が江戸っ子の見本と目されていた。

河岸の若い者のまげのかたちから「いなせ」という言葉が生まれたように、鮮魚を売りさばく河岸の、手早さや威勢の良い啖呵《たんか》は、江戸っ子の気風を代表するものとされた。一方で、同じ河岸でも旦那衆は、歌舞伎を贔屓《ひぃき》にしたり、俳諧をたしなんだりすることで、江戸文化へのパトロン的な存在であった。いわば実力派の「江戸っ子」で、こういう人たちは「おら江戸っ子だ」とは決して自称しなかったが、その影響力は江戸町人の認めるところであった。

元禄期の江戸は約半分の面積が武家地で（庶民の住んでいた町人地は約一割ほど）、全国から参勤交代でやってきた大名家の上中下級武士が大手を振って歩いていた。「江戸っ子」という概念には、そんな地方色丸出しの武士階級に対する、庶民の反発の思いが込められていたと思われる。

おねいさん【お姐さん】

女性に向かって「オ・バ・サ・ン」の四文字を発するのは、河岸ではご法度である。河岸では年齢に関係なく、すべての女性は「お姐さん」で通っているのだ。

「おう、おめ、今日何食うんだぁぁ。かつをぉ？　おおおおうい、カツオの注文だよぉぉぉぉ!!」と、ご登場願ったのは、魚がし横丁のとある飲食店のおかみ。いやもう実に凄味のあるオバ…お姐さんで、ひと睨みで屈強な河岸の野郎も震え上がるという迫力の持ち主。

こんな迫力満点のお姐さんも、かつては本当のオネエサンだった。河岸では若い娘はとても希少なため、ちょっとトイレに行くにも周囲のオヤジ連中からセクハラまがいのセリフをでっかい声でかけられる。このお姐さんだって、いちいち頬を赤く染めていた時代もあるのである。

可憐だったオネエサンも、魚河岸という「男の世界」に長く身を置くうち、否応なしに男どもを圧するほど、たくましくなってしまう。こうしたお姐さんは、迫力もすごいが、情に細やかでどこか可愛い存在。だから、河岸では彼女たちへの愛情を込めて「お姐さん」と、こう呼ぶのである。

かしとこおり【河岸と氷】

鮮魚を扱う築地と切っても切れないのが氷。生鮮品は、氷がなければ保存も輸送もおぼつかない。いつでも刺身を食べられるのも氷のおかげだ。

そんな氷の登場は明治の初め。中川嘉兵衛という人の興した天然氷製造販売が最初とされる。その後、機械化による大量生産で氷はまたたく間に普及。製氷産業はベンチャービジネスとして脚光を浴びた。

ところが、こんな便利なものを頑として使わない者たちがいた。そう、日本橋魚河岸の連中である。河岸では「魚に氷を使うのはご法度」という暗黙の了解があり、「籠に入れひと晩夜風にあてて冷やすのが一番」という常識がまかり通っていた。料理屋も氷詰めの魚には顔をしかめたといい、大正時代まで、河岸では氷詰めの魚はほとんど流通しなかった。

しかし、大正一一年のコレラ大流行により魚河岸が一ヶ月にわたり休業を余儀なくされると、頭の固い連中も鮮度低下と衛生問題を無視できなくなる。翌年の関東大震災後、移転した築地中央卸売市場内に製氷設備が備えられたのは言うまでもない。以後、氷によって魚の保存技術は飛躍的に向上し、築地で扱う魚種も格段に増えていった。

ぎんりんかい【銀鱗会】

昭和二六年、有志により発足した魚河岸の文化団体。市場内のあらゆる業界の人びとが加入し、相互の親睦と、業種にとらわれない自由な意見交換の場として活発な活動を行ってきた。会報誌『銀鱗』を通じ、河岸の様々な問題（市場論や経営問題から、世間並みに日曜日を休市としよう、といったことまで）を論議して、市場の発展に多大な影響を与えた。

とりわけ、事務所内に図書施設「銀鱗文庫」*を創設し、会員からの寄贈書ならびに会員が私費で購入した蔵書の一般公開を実施した意義は大きい。市場や魚関係の書籍を中心とした貴重な歴史資料・文献など千点近い所蔵品は、市場の内外を問わず市場流通を研究する者に大変に役立っている。河岸の唯一の文化施設であり、また、魚および市場にまつわる「知」の宝庫ともいえる。

さらに、平成一七年三月より「特定非営利活動法人　築地魚市場銀鱗会」となり、魚料理教室や稚魚放流会といったイベントを積極的に開催。「日本食の素晴らしさ」「食品の安全性」を通じて、魚食を中心とした食文化の普及を図る活動には各方面から期待が寄せられている。

＊銀鱗文庫は、日・祝日および休市日（市場の休みの日）をのぞく月～金の午前十一時より午後二時まで開館している。（事務所棟七号館二階）

さしいれ【差し入れ】

昔から河岸には素行不良の人がいたようで、ちょいと度が過ぎて警察のご厄介なども、ままあった。「御用だ」とばかり捕まると、昔は石川島にあった懲役場に送られた。すると、「仲間がムショに入れられちまった」ということでさっそく河岸の連中から差し入れが届けられる。もちろん差し入れ品は魚。「ムショの中でこいつでいっぺぇ飲ってくれよ」、ということだろうか。

しかし、魚の差し入れは一尾のみというのが、その頃の懲役場の決まり。そこで思案した河岸の連中、なんと大きなマグロを一本差し入れてしまう。マグロでも一尾には違いないので許可せざるを得ない。それに、ご相伴にあずかれるので看守たちも大目に見てくれる、という寸法。

だが、こんな差し入れは、当然、本人がさばくわけにはいかず、持っていった連中がその場でおろすことになる。大包丁を巧みに操り、大マグロを切り分ける様子に看守たちも「ほうっ」と感嘆の声を上げる。これが現在も見られるマグロ解体ショーの始まりである…、などとまことしやかにいわれているが真偽の程は定かではない。

河岸の魅力は魚だけじゃぁない

最近ではよっぽどのイベントでもない限り、河岸ン中が混んじまって身動きが取れねぇ〜なんてこともなくなっちまったけど、ホンの三十年くれぇ前までは半端じゃねぇ混みかたをしたもんだ。暮れなんかはひどくって、魚河岸が起点になって首都高の銀座出口の辺りまでぎっしり混んじまった。ラジオの交通情報風に言やぁ、「築地市場がネックで銀座出口から二㎞の渋滞」ってなもんだろう。遠くから通ってる同業者なんかはセリに間に合わねぇってんで、「歌舞伎座の横っちょにクルマ止めて走ってきたよぉ〜」なんてこともあったくれぇだ。

いつの間にかこんなこともなくなっちまったけど、これは町の小さな魚屋さんや、竹籠で仕入れ

にきてた、夫婦でやってるような居酒屋さんがなくなっちまったってことなんだ。俺は駆け出しの頃、こーゆー旦那衆に魚を教えてもらったモンだ。いや盗み聞きしたってのが正しいかも知んねぇ～なっ。

特に土曜日なんていうとすげぇ行列になってる魚がし横丁。ここにある喫茶店や定食屋ってのが絶好の〝盗み聞きポイント〟だったんだ。だいたい魚屋の仕入れってのは朝の六時過ぎに河岸に入って八時半～九時くれぇに帰っちまう。狙い目は帰る前の腹ごしらえをする八時半過ぎだ。その頃に喫茶店なんかに入っていくと、いつもの魚屋仲間がお待ちかね…

「おはよっ！　飲みごろのミルコー（ミルクコーヒー）にハムキュートースト（ハムときゅうりのサンドイッチ）！　ところで昨日のカツオはどうだったい？」「どーもこーもねぇやっ！　開けてびっくりだよっ！　この時期であんな脂があん

だねぇ〜」「おぉ〜、そーかい！　じゃ、オイラも明日買ってみようっと。ありゃ三陸だったよなあ〜」「そーだよっ！　でも樽（に詰められた）のカツオはダメだって言ってたぞぉ〜。　目廻り（＝大きさ）四kg以上の一本入れじゃなくっちゃ！　ハンガタ（＝五十円もしくは五百円）高くってもその方が儲かるってさっ」。

そーかと思えば…

「いやぁ〜安かったから調子こいてアジ買い過ぎちまったんだ。残すのもなんだから、全部フライ用に開いちまったら、お客がわざわざ『美味しかったわよぉ〜』なんて言いにきてくれてよぉ…」なんて無愛想な喫茶店のオヤジに、独り言みてぇに話しながらニコニコしてる。何も耳をダンボにしなくっても、でっけぇ声でしゃべってるからイヤでも聞こえちまうんだ。今思うとホントに勉強になる話が聞けたもんだよ。

仕入れにきた人たちは時間に追われてっから、

狙い目は八時半過ぎの行列してねぇ喫茶店

間違っても行列にゃぁ並ばねぇ。もしかして行列のねぇ店だったら、まだこんな話も聞けるかもよ。プロの会話を盗み聞く―これも魚河岸の楽しみ方のひとつだと思うぜ。

こーゆープロの共通点っていったら、みんな魚が大好きだってこと。愛してるって言っても過言じゃぁねぇ。試しに河岸ン中にある「水神社」とか、海幸橋出たトコの「波除稲荷神社」にちょっと寄ってみるといい。特に波除さんにゃぁ活魚塚をはじめ、魚たちを供養する塚ってモンがある。

俺たちは魚で商いをさせてもらってるし、その魚を食べた人たちは美味しくって幸せな気分になれるんだ。いっくら感謝したって、し過ぎるってことはねぇと思う。河岸で美味ぇモン腹いっぱい喰ったら、帰りにパンパンと手を合わせても、バチは当たらねぇぜっ！　もしかしたらこの気持ちが美味い魚を喰う一番のポイントなのかも知れねぇなぁ～。

しじょういてん【市場移転】

市場は流通の拠点として、都市機能に欠かせないものである一方、騒音、交通渋滞、ゴミ問題などを引き起こす迷惑施設でもある。とりわけ東京では地価の高騰や都市計画上の理由から市場移転がよく取り沙汰される。近年、築地の移転問題が注目を浴びているが、実は市場移転はこれまでも絶えず議論されつづけてきた。以下、その経緯をたどってみる。

（一）日本橋魚河岸時代の移転問題　近代化が始まった明治期、商業・金融の中心地である日本橋のお膝元に、前時代的で不衛生な魚河岸があるのはけしからん、という声が高まった。明治二二年（一八八九）の内務省「市区改正条例」により、日本橋魚河岸は十年以内の移転を命じられる。しかし、当時の魚河岸は民間施設であり、市場内に居住する者もいれば、地主から土地を借り受けて商売をしている者もいる。そこに板船権などの既得権益の補償も含めて移転計画は難航。移転命令より十年を経た明治三三年にはさらに十年間の延長。その後も五年、また三年、と移転期限は次々と延長される。結局、関東大震災による魚河岸焼失をもって、なしくずしに築地へと移転という結末を見た。

（二）築地市場の移転問題❶ 昭和五九年、東京都は築地市場の老朽化への対応として品川区大井への市場移転案を打ち出した。これを受けて市場業者は一致団結して猛反対。築地本願寺において総決起集会が行われた。野鳥*保護団体の反対などもあり計画は頓挫、築地市場の現在地再整備という決着をみた。

（三）築地市場の移転問題❷ 建て替え工事は旧国鉄汐留貨物駅跡地へ仮移転し、その間に集中的な再整備を行う計画だった。しかし、汐留用地の借用交渉がまとまらず、結局は築地市場内で営業を続けながら漸次整備を進めることに。平成四年、十二年後の完成予定で本工事に着工するも、平成八年に中断。東京都は工期の遅れや膨大な費用などを理由に計画の見直しを発表する一方、業界団体へ移転話を持ちかけた。市場内の業者は移転をめぐり真っ二つに割れ、再び移転問題が再燃することとなる。

（四）築地市場の移転問題❸ 平成一三年、東京都は平成二六年をめどに江東区豊洲地区の東京ガス跡地への移転を正式に決定。しかし、同地に高濃度の土壌汚染が確認されたため、計画はまたもや暗礁に乗り上げる形となった。築地か豊洲か、あるいは別の土地か。水産流通の拠点となるハブ機能を有する基幹市場の未来は、依然予断を許さない状況にある。

＊当初、移転の候補地とされた大井埋立地は、土地造成後長らく放置されていたため、野鳥の生息地となっていた。そのため、市場移転に対して意外な団体が猛反対することとなった。そう、NHK紅白歌合戦でお馴染み、「日本野鳥の会」である。

しま【窟】

河岸は〝シマ〟や〝別世界〟、あるいは〝伏魔殿〟などと呼ばれることもあり、世間とは隔絶された特殊な空間と見られがちである。実際、社会常識とは一線を画する河岸ならではの常識がまかり通っていて、一般の人にとっては面食らうことも多い。

昭和二六年一二月一〇日付の読売新聞は「築地のシマ」と題して、映画『魚河岸帝国』ロケ中にスタッフが遭遇した市場の奇行を紹介している。「…何だオメエらはとジロジロ見る。俳優を驚かす。ボヤボヤしているとビンが飛んでくる。そして突然走り込んでくる裸男にギョッとする。寒中にも関わらず裸でいるのは威勢が良いを通り越して痛々しいくらいだ」

さすがに現在ではこんなことはないが、いまだに世間とは違う風が吹いているのも事実。いわく、ガサツとか頑固者とか古風とか、決して胸を張って威張れる類のものではないが、現代社会が置き忘れてきた、ある種の人間臭さが築地には色濃く残っている。弱いものには優しく、気風も良い。外見ではなく、行動から人となりを見る。そんな築地という〝シマ〟で培養された何かが人々を魅了してやまないのだろう。

すいじんさい【水神祭】

魚河岸を開いた森孫右衛門の一族が、自分たちを江戸へ呼んでくれた徳川家の武運長久と大漁安全を祈願して神田明神境内に奉った「水神社」は、水神様と呼ばれ、魚河岸の守護神として崇められてきた。

魚河岸の水神祭といえば派手で威勢が良いことで有名で、ことに日本橋魚河岸時代の大正九年（一九二〇）の大祭は、壮麗な山車が練り歩き、曳物や積物の数を尽くした見事な繁昌ぶりだったという。中でも魚問屋「大善《だいぜん》」の巨大な鮪の山車は後世の語り草となった。

築地市場に移ってからでは、昭和三〇年の大祭が最大。能の「加茂」を模した山車に、地走り、囃子、太鼓などの総勢千数百名にもおよぶ行列は、往年の魚河岸の勢いに匹敵する心意気を天下に示した。四日間にわたって行われたこの大祭は、魚食普及の「さかなまつり」を兼ねていたこともあり、二十万個の風船を配布するなど、対外的にも派手なデモンストレーションを展開した。

ちなみに「水神祭」は、これまで大正九年、一一年、昭和三〇年、四六年、平成二年の五回しか記録に残されていない。

すけろく【助六】

歌舞伎の代表演目のひとつで、代々市川団十郎の十八番。そして魚河岸とは深い関係を持つ芝居である。

江戸時代の魚河岸は、蔵前の札差、吉原の遊郭と並んで歌舞伎の有力な後援者であったが、これらのうちでも魚河岸の影響力はとりわけ強く、単なる贔屓というより、パトロン的役割を果たしていた。

歌舞伎と魚河岸のそもそもの由縁は、『助六』の見せ場である河東節《かとうぶし》の創始者・十寸見河東《ますみかとう》が魚河岸の出身だということに端を発する。『助六』を河東節で演じる場合は、魚河岸の承諾を得なければならないという不文律すらあったという。また、歴代の団十郎が、『助六』上演の際に魚河岸に挨拶に出向くしきたりは昭和の時代まで続いていた。

何といっても魚河岸連中の団十郎贔屓《びぃき》は際立っていて、立派な引幕を贈り、初日には総見するなどして景気をつけた。花川戸助六が花道で見得を切るところでは魚河岸衆のお手を拝借してシャンシャンというのがお決まりだった。このような派手な後援ぶりが、江戸市民をして魚河岸衆を江戸っ子の見本のごとく語らしめたともいえる。

せりごえ【セリ声】

「チェキラ、ピンマルピンピンインニ、
オッ、インゴ、ンゴンゴ、ハイッ！」

威勢の良いセリ声だけど、何と言っているのか素人には分からない。ちなみに翻訳すると、「キロ千円出た、千百だ、二百…おっと五百出たよ、千五百だ、千五百、はい、決まりました」なるほど金額を読んでいるわけだ。

まあ、こんなのは分かりやすい方だが、中には言語とは思えぬ不可解な音声を発しているセリ人もいる。

「ハッタリマ、ハッタリマ、アッタリアッタリアッタリマッタラ、チャヤッチャッチャヤッ！（＝八千五百、八千六百、はい、七百出た、はい決まりました。お疲れさま）」とくると、これでセリが終わっちゃう。

それから、始めから終いまで「ンガンガ」言っているだけの場合もある。

「ンアッ、ンガ、ンンガ、ンガンガンガンガ、ンガガガ、ガーッ!!（＝十八番、二千、二千…出ないの？　困ったなあ、あ、出た。じゃあ二千百、二千二百、三百、四百…おし、決まった！）」

こうした*セリ声は仲卸ですら何を言っているか分からないこともある。いわんや素人には理解できようはずもない。

＊では、このようにリズミカルで特徴的なセリ声にすることで水産物取引上どのようなメリットがあるかというと、実のところない。金額はセリ人と仲卸の間合いで決まるので、セリ人が何て言ってるのか分からん、という仲卸もいるほど。つまりセリ声はセリ人が個性を出すための演出、というわけ。

つきじホテル【築地ホテル】

*日本最初のホテルが南小田原町（現在の築地市場の所在地にあたる）に建設されたのは明治元年（一八六八）のこと。日米修好通商条約の締結をうけて、築地鉄砲洲に外国人居留地が計画され、さらに、「外国人設計による宿泊施設を」というアメリカの要望により、近代的ホテルの建設とあいなった。設計者は横浜、新橋の停車場を手がけたブリジェンヌというアメリカの御仁。施工には清水建設の祖である、二代目清水喜助氏があたった。

木造四階建て、かわら屋根になまこ壁。ベランダに鎧戸付きの窓、中央には回り階段で登る塔屋といった珍しい和洋折衷の様式。通称「築地ホテル館」、外国人は「江戸ホテル」と呼んだ。中庭の日本庭園からは遠く房総まで見渡せ、江戸湊を行き来する帆船や白魚漁のいさり火など、当時の外国人にはさぞエキゾチックな光景に映ったことだろう。

しかし、治安悪化にともなう外国人客の減少によって明治三年（一八七一）に閉鎖、翌々年の大火により、竣工からわずか五年で焼失してしまう。ひとときの幻のような存在だった築地ホテルであるが、当時の新名所として描かれた錦絵は三十数点にのぼり、今も往事の面影を偲ぶことができる。

*築地ホテル館の建っていたと思しき場所には、現在、築地市場内勝どき門駐車場が作られている。付近には市場厚生会館という宿泊施設もあり、何となれば泊って、遠き明治に思いを馳せればエキゾチックな気持ちにひたることもできる…かどうかは分からないが、早朝から行き交うターレやざわめく市場の喧噪を感じて、妙にツキジチックな気分に浸れることだけは請け合い。

でっちぼうこう【丁稚奉公】

丁稚奉公とは、奉公先に住み込みで見習い修行を積み、独立を目指す徒弟制度のこと。年季奉公、小憎、丁稚などの就業形態が日本から消えて久しいが、河岸ではもっとも遅い時期までこの封建的制度が存在していた。

仲買（仲卸）の小僧として店主の自宅などに住み込み、衣食住と毎月わずかな小遣いをあてがわれ、つらい仕事を覚えていく。やがて一人前に成長して暖簾分け――河岸の場合は東京都から仲買の鑑札を認可され、お得意先をもって一本立ち――ということになる。親店から独立する際には、屋号の一字をもらい、準系列の仲卸として関係を続ける場合が多かった。こうした小僧上がりの仲卸店主は昭和四〇年前後まではよく見られた。

丁稚奉公では決まった給金はないが、景気が良かった頃の河岸では、思わぬ小遣いをもらうことも多かったようで、「配達のついでに、映画でも観ておいで、と千円札をもらったね。大学出の初任給が一万円にも満たない時代にだよ」と、小僧出身の仲卸店主は昔を懐かしむ。

もはや河岸といえども徒弟制度は姿を消してしまったが、仲卸店主の子弟が修行のために他の仲卸に預けられるというケースは今でも見られる。

ながい【仲買】

江戸時代、日本橋魚河岸の魚問屋は、毎朝、契約した産地から集荷した魚を仲買（はじめは請下《うけした》とよばれた）に委託し、仲買は問屋から預かった魚を自分の裁量で市井の魚屋に売っていた。河岸が引ける頃、問屋の旦那衆が集まり、入荷状況からその日の相場（魚価）を決め、それを「仲買」へ伝える。市中売りした金額の方が高ければ「仲買」の儲けとなり、安ければ損となる。損はしたくないので掛け合って値切る、というのが当時の魚河岸の取引で、「仲買」という商売は、それなりに必ず儲かる仕組みになっていた。

魚問屋と仲買との関係は、現在の荷受と仲卸へと発展したが、中央卸売市場*がセリを原則とする公平公正な取引を目指している点で、日本橋魚河岸での取引形態とはまったく性格を異にしている。

昭和四六年に公布・施行された卸売市場法により仲買の名称は仲卸と改められた。これは仲買が卸売市場において卸売業務の一端を担う存在であるからだが、一方で仲買が「売り」と「買い」の間で利潤を得る中間搾取者だと誤解されていることへの配慮でもあろう。

*中央卸売市場法以前の日本橋魚河岸は、いわば問屋卸売制度というべきもので、魚問屋によって水産物流通が牛耳られ、密室的な値決めによって市場価格が左右された。庶民の買う魚が割高に設定されたとはいちがいにいえないが、透明性のある価格形成とはとてもいえなかった。

ふちょう【符牒（符丁）】

河岸では魚の値段を伝えるために、数字を文字に置き換えた符牒（符丁）をよく使い、一般的（あるいは業種ごと）に使われる「通り符牒」と、仲卸が商売上使う独自の「内符牒」とに大別される。

「通り符牒」は仲間内で使うもので、職人や商人の世界では古くから見受けられる。河岸では、「イ＝1、口《ちく》＝2、キ＝3、ヨ＝4、カ＝5、ロ＝6、ヤ＝7、矢《つや》＝8、ヘ＝9」などの言葉で値段を表す。口頭の場合は、「ピン＝1、リャン・ノ＝2、ゲタ＝3、ダリ＝4、メノジ・ガレン＝5、ロン・ロンジ＝6、セイナン＝7、バンド＝8、キワ＝9」。*これらの言い回しは河岸を通じて魚屋、寿司屋など異業種にも広まった。

「内符牒」は、仲卸店舗で客に知られないように帳場に値段を通すときに使われる。たとえば「宝船入り込む」という符牒なら、「た＝1、か＝2、ら＝3、ぶ＝4、ね＝5、い＝6、り＝7、こ＝8、む＝9」となり、二千五百円であれば「かね」、四千七百円なら「ぶり」といった具合である。**内符牒は繰り返しのない九文字から成る縁起の良いフレーズで構成され、仲卸によって異なるため、より機密性が高い。

---

*通り符牒の語源は以下の通り。
ピン：ポルトガル語の「点」から。
リャン：中国語の「二」から。
ゲタ：下駄の鼻緒の穴が三つであることから。
ダリ：駕籠かきや馬方の符牒から。
メノジ：「目」の画数から。
セイナン：西南が七時の方角であることから。
バンド：坂東（関東）には八つの国があることから。
キワ：ひと桁の最後（際）の数字であることから。

**代表的な内符牒としては「商いの幸せ」「いつまでも変わらず」「白浜の朝霧」「朝起き福の神」「御代苔のむすまで」「いつも栄えます吉」「宜しかるべき事」などがある。

もりまごえもん【森孫右衛門】

魚河岸の祖といわれる伝説的人物（一五六九〜一六六二）。摂津国西成郡佃村（現在の大阪府西淀川区佃）の名主であり漁民。名主が世襲であったこともあり、父子二人の孫右衛門の伝承が伝えられるなど、多くの謎をはらんだ人物である。

天正一〇年（一五八二）、徳川家康は伏見滞在中に勃発した「本能寺の変」により、険しい山中をわずかの味方を伴い岡崎城まで逃げ延びた。世に言う「伊賀越えの難」である。その際、伊勢から三河までの舟行を手助けしたのが孫右衛門だといわれ、「忍びの者」だという説もある。また、大坂冬の陣では漁船を軍船に仕立てて活躍したことから、海賊の一大旗頭だったと見る向きもある。

いずれにしろ徳川家との知遇を得た森孫右衛門とその一族は、江戸に移住し、白魚漁の網を引きはじめる。幕府御膳魚を調達するかたわら、その残余の市中売買を許可され、道三掘に魚問屋を開いたのが魚河岸の始まりだと伝えられている。ちなみに現在の佃島は、鉄砲洲沖の干潟を拝領した孫右衛門が造成したものである。*

＊『日本橋魚市場沿革紀要』によれば、孫右衛門の長男九衛門が魚の市販を許され、慶長七年（一六〇二）に日本橋本小田原町に肴売場を開設したのが魚河岸の始まりとされる。

第四章

【美味い魚の話】

夏場は本マグロよりもインドマグロが買い？　冷凍サンマは一年中旬なの？　毛蟹は英語で「HAIR CRAB」という？などなど、仲卸人だからこそ知っている、読んで美味しい、魚にまつわる常識破りのエピソード一〇四。

浅蜊（あさり）

砂浜を「漁《さあ》れ」ば獲れたことからこの名前がついたとか。潮干狩りの時期のアサリはよく太ってて美味い。しかし自分の殻に収まりきれないほど太る見境の無さは、どーかと思う。所詮貝だから仕方ないとは思うが、毎年、前年のスーツが入らなくなってる俺は、マジでどーかと思う。

穴子（あなご）

どこの世界にも夜になると元気になるヤツっているけど、アナゴもその口。夜行性で、夜釣りを楽しむ太公望たちの人気者。江戸前の天ぷらでは五〇～八〇gくらいの小さなものを特に「めそっこ」と呼び珍重するが、夏場で脂がのった大きめのヤツは、煮るとフワ～ッと柔らかくて美味い。

油坊主（あぶらぼうず）

地方によっては「クロウオ」と呼ばれるギンダラの親戚。その名の通り外見が黒くて脂だらけの魚。俺が河岸に入った頃は脂が強すぎて食べると下痢をするといわれ、売ってはいけない魚だったはずなんだけど、なぜか今では売ってもいい魚になっている。魚か人間のどちらかの生態に何か変化があったの

【アサリの炊き込み御飯】

剥《む》き身を使うのもよいが、時期のアサリは、ぜひ自分で殻から剥いて炊き込みご飯にしてもらいたい。ヤツらの弱点は貝柱だ。ココさえ切れば敵ではない。

か、それとも決めてる連中がいい加減なだけなのかは不明。

甘海老（あまえび）

本名はホッコクアカエビというが、あまり知られていない。ネッチョリした身質と強い甘みが特徴。ボタンエビなどと同じく、*タラバエビの一種。鮮度が味と比例するため、東京で食べられるようになってきたのは輸送手段が整ってきた一九七〇年代後半くらいから。なぜか女性に人気。

新巻き（あらまき）

新巻きは塩鮭の代名詞のように思われているが正しくない。元々新巻鮭というのは、川に遡上し婚姻色といわれるまだら模様がついたひねっこびた鮭を塩蔵したもののことで、とても美味といえるシロモノではなかった。それでも、*かつて関東では歳の暮になると大きく「新巻鮭」と書いた箱に塩鮭を入れ贈答品とし、今でも、それを食べる風習が残っている。こういった風習は、輸送手段も保存法もなかった時代の日本人の、「正月くらいは手に入りにくい貴重な魚を食べたい」という思いの名残りなのだろう。

*タラバガニで有名な「タラバ」とは、タラが獲れるような寒い海域のこと。

*正月の祝いとして塩鮭を食べる関東に対して、関西や日本海側では塩ブリが一般的。

烏賊（いか）

スルメ、ヤリ、ケンサキ、アオリ、モンゴウ、ホタル…刺身、煮付け、塩焼き、揚げもの、炒めもの、干物…和食、洋食、中華等々何でもござれってのがイカの仲間たち。とにかく日本人は昔からイカが大好きだ。それだけにその地方地方で愛着があり、それぞれの常識も異なる。あまり知ったかぶると恥をかくから、イカを前にしたら謙虚でいよう。ただ少し勉強すればすぐに、「この季節でこの食感ならこのイカ！」ってことが分かるようになるから、ポイントを絞って覚えると結構カッコよく振る舞える。

伊佐木（いさき）

梅雨明けから初夏に脂がのってくる魚で塩焼きが一般的だが、鮮度の良いものは断然お刺身がおススメだ。特にカツオのたたきよろしく、皮目をちょいと炙って皮ごと喰う。香ばしさがたまらねぇぜ。最近はイサキも利口になってきたのか、養殖場のいけすの周りに住んでいて、そこから流れてくる餌《えさ》をいただいているトッポいヤツがいるらしい。別名「半養殖」ともいわれている。肝心の味の方はっていうと、運動不足のうえよく喰うから、脂がのっているというかメタボ気味ではある。

【イカの攻略法】

食感でいうと、ネッチョリ系は冬のアオリイカ。サクサク系が冬のヤリイカ。ネッチョリサクサク系なら冬のコウイカ。部位でいえば、キモ系は春のホタルイカ。同じくキモ（塩辛用）系庶民の味方が夏のスルメ。ここらを覚えておくとよい。また、高級品だが分かりにくいのがケンサキだ。関東ではアカイカと呼ばれるが西の方ではシロイカとも呼ばれている。一体どっちなんだっ？

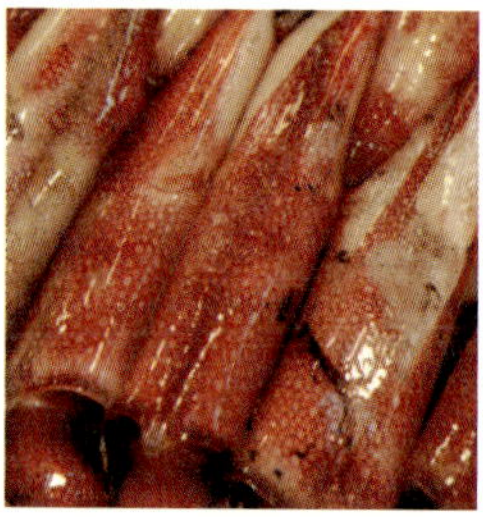

鰯（いわし）

魚河岸でイワシといえばマイワシのことを指すが、他にもウルメイワシ、カタクチイワシといった種類もよく見かける。梅雨時に獲れるマイワシは「入梅イワシ」などと呼ばれ珍重されるが、コロッコロで丸々と太っていて、誰がどう見ても美味そうにしか見えない。ただ最近はめっきり漁獲量が減ってしまっている。

その点、カタクチやウルメは資源が豊富だ。ほとんどが加工品に回されるが、鮮度のいいものが手に入ったら手際よく開いて、生もしくは酢にして喰ってみよう。値段からは想像もできない味だぜっ。

牛の舌（うしのした）

フレンチの定番「舌平目のムニエル」の舌平目のこと。上品な雰囲気のお店で、イケ面のギャルソンが運んできた綺麗《きれい》なお皿に載った料理が「コイツぁ～牛の舌ですぜっ」てのは如何にも按配《あんばい》が悪いけど、その平べったい容姿から、とある地方では「くつっぞこ（靴底）」とも呼ばれているらしい。＊本場フランスで使う舌平目も「ドーバーソール」っていう靴の中敷きみたいな名前だから、和製フレンチでこの魚を使うのは正しい。

【イワシのつみれ汁】
マでもウルメでもカタクチでもかまわない。グチャグチャにしていいから手開きにしてみる。そしたら皮をむいてひたすら包丁でたたく。そのうち粘りがでてくるから、丸めてダシ汁中に入れちゃえばでき上がり。

＊ちなみに、日本で舌平目として売っているものには、「黒シタ」と「赤シタ」があり厳密に言うと種類が異なるのだが、総称で舌平目と呼ばれている。

鰻（うなぎ）

御存知、江戸前料理の代表選手。養殖物がほとんどになった最近では季節感が薄れてきたが、本来の美味い時期は実は丑の日の夏場ではない。もっとも美味くなるのは脂がのる冬なんだ。でも、天然物の話だけどね…。

雲丹（うに）

とあるサラリーマン君の会話。先輩「俺は回転寿司でウニをよく喰うがオマエは?」、後輩「ウニって苦くないですか?」、先輩「バカっ！　あの苦味がいいんじゃないかっ！　まだあの大人の味が分からないんだなっ！」。

ちなみにウニは苦みを楽しむモノではありません。実は苦味の原因は餌《さえ》にあります。美味しいウニは昆布などいい餌を食べているので、甘味がある。裏返して言えば、昆布の名産地はウニの名産地でもあるのです。

エチオピア

「シマガツオ」ともいわれるが、カツオとは似ても似つかない。マグロ船の外道（=目的外の魚）として漁獲され、ドレス（P132）の状態で水揚げされる。あまり流通に乗らないのは、美味くないからだろう。

【魚河岸的省略語】

日本人はなぜか言葉を略したがる。魚関係者もそーだ。「エチオピア=ピア」「ニュージーランド=ニュージ」「オーストラリア=オースト」「メカジキ=メカ」ってな具合。

エボダイ

銀色に輝きとっても可愛らしい外見なのだが、なぜかエボとかイボとかあまり可愛くない名前がついている。英名*は「バターフィッシュ」というが、決して身が脂っぽいからではない。

縁側（えんがわ）

本来は、ヒラメのヒレ元のコリコリした部分を指してエンガワと呼んでいた。一匹から採れる量がごく少ないため、寿司屋でも一見《いちげん》の客に出されることはなく、馴染みの金持ちにしか出さなかった。最近では回転寿司でカラスガレイやアブラガレイのエンガワが人気になってきたけど、回転寿司のノリでエンガワを頼みつづけると大変なことになるから要注意！

虎魚（おこぜ）

この魚の醜さは有名で、初めて食べた人の勇気に敬意を表してしまう。とはいえ、器量の悪い山の神に、もっと器量の悪いオコゼの干物を供えたところ、機嫌がたちまちよくなったという謂《い》われもある。見た目は悪いが、とても上品な白身魚。特に薄造りはフグにも勝るとも劣らない。

＊体の表面からヌルヌルとした粘液を分泌《ぶんぴつ》することから「バターフィッシュ」と呼ばれている。

大鮃（おひょう）

「オヒョウヒラメ」と表示されていることがあるが、カレイの仲間。当て字で「大兵」とも書き、笑点の座布団も真っ青なくらい、やたらデッカクなる。三〇kg以上のオヒョウを見たことがあるが、顔が怖かった。決*して美味い魚ではないが、調理次第ではナカナカいけないこともない。

牡蛎（かき）

昔から魚屋といえば、美味いモン好きの呑んだくれが多いが、俺が若い衆しだった頃、手伝いに行ってた魚屋のおっちゃんが〝加熱調理用カキ〟を缶から手づかみでペロッと喰ってた。「やっぱ加熱用は匂いが強くてうめぇ〜」だってよ。たしかにあまり洗ってない加熱用カキの缶を開けた瞬間の匂いは、ヨダレが垂れてくるほどいい香りだ。でも、よい子は真似しないでね。

梶木（かじき）

*これだけグルメな人間が増えても、カジキって魚は、まだマグロの一種だと思われている。ちなみに、最近ではその美味さも知ってる人しか知らないようになってしまったが、春〜初夏のマカジキの刺身は絶品！

*クセもない白身なので、和風より洋風な調理によい。ムニエル、フライなんかは結構いける。何より値段が安い天然物なので色々と工夫してみるのも一興だ。

【カキの食べ頃】 カキは以前、「R」のつく月にしか食べてはいけないと言われていた。しかし最近はイワガキという一年中喰えるカキが一般的になってきた。

*「カジキ」はマグロの一種じゃない。種類だって、マカジキ、メカジキ、クロカジキ、シロカジキ、バショウカジキ、フウライカジキとたくさんあるのだ。

カストロ

カストロキズマメランプスというのが本名。キューバ*にカストロが出てきた頃に発見された、といわれているが真偽の程は不明。マグロの進化前の御先祖さんともいわれており、「ウロコマグロ」の別名もある。しかし味においては、マグロと比較するのは失礼と思えるくらいにまずい。

カスベ

エイの仲間だが、アンモニア臭がしないので日本に限らず、韓国、フランスなどでも食されている。個人的には煮付けにしたときのブルブル感がなんとも美味い。元々はどう食っても美味くないってことで、「かすっぺ」と呼ばれるようになったそうだが、よく言うよ。

鰹（かつお）

昨今、猫も杓子《しゃくし》も脂ののった戻りガツオが美味いとのたまう。しかし、チョイと青っ臭い初ガツオを、春の青々とした薬味たっぷりで喰らってこそ、カツオっ喰いのホントの醍醐味。「女房を質に入れてでも喰いてぇ」っていう、江戸っ子の感性を、も一度見直してみてほしいもんだ。

＊キューバの前国家評議会議長、フィデル・アレハンドロ・カストロ・ルス氏のこと。

【カツオのたたき】

ポイントは強火で炙《あぶ》って表面に焦げ目がついたら中まで熱が入らないように即、冷やすことに尽きる。薬味はピーマン、パプリカ、玉ねぎなど何でもかまわない。そこに生酢をぶっかけ、しょうが、にんにく醤油でやる。炊き立てのご飯でかっこめ！

魳（かます）

一般的にカマスと呼ばれている魚の正式名称はアカカマス。身が柔らかく水気の多い魚だが、干物にすると抜群の美味さをみせる。鮮度の良いモノが手に入ったら干物作りに挑戦してみよう。干物までいかなくても、冷蔵庫の中に放っといて、水ッ気をとばしてから焼くだけで、さらに美味くなるよ。

鰈（かれい）

とにかく種類が多く、地方によって呼び名が違ったりして訳が分からないのがカレイ類。そのうえ「左ヒラメに右カレイ」の原則にもはまらない、ヒラメっぽいカレイがいたりした日にゃぁシッチャカメッチャカだ。こいつらは、知ったかブると恥ずかしい目にあうから気をつけろ。

カワラ

マグロの背ブロックのテンパ（P130）部分を外し、中トロ部分だけになった状態。皮の曲線と平行に刃を入れ、テンパを外しているので屋根瓦のように見えるところからついた名称だが、もっぱら冷凍マグロに限る。

築地
点描

AM 10:15

【交通整理】
河岸での取引も終盤を迎えようとするこの時間帯。
ひしめき合うターレや歩行者を見事にさばく姿は、もはや“芸”の粋だ。

鱚（きす）

人気がある。昔、女性と天ぷら屋に行き「美味しい！　これなんてお魚？」って聞かれたモンで、ホッペにチューってやったら平手が飛んだ。

鮮度のいいキスは軽く酢でしめて食しても美味。一般的には天ぷらダネとして

黄肌鮪（きはだまぐろ）

マグロの中ではあまり美味くないと評判のキハダ。暖かい海を好み、脂ののりが少ないためだが、変わり者ってのはいるモンで、寒ーい時期や場所で獲れるヤツもいる。コイツが絶品！　クロマグロなんかとはチョイと違って脂がとても上品。肉食に慣れた人には分かりますまい…。

銀鱈（ぎんだら）

またぐといわれていた。昭和ヒトケタ生まれでバリバリの魚屋のウチのオヤジに銀ダラなんぞを出そうモンなら、「俺をバカにしてんだなッ！」と殴られるようなシロモノだったんだ。でも、焼き冷ましが固くならないので弁当に重宝に使われている。何でも使いようなんだな。

高度成長期以後に急激に市民権を得、今や高級魚の銀ダラだが[*]、かつては猫も

【マグロの種類】①
築地で店頭に並ぶのは以下の五種類。
●クロマグロ
●ミナミマグロ
●メバチマグロ
●キハダマグロ
●ビンチョウマグロ

＊ちなみに冷凍で入荷される銀ダラは必ずドレスになっている。駆け出しの頃、なぜかと聞いたことがあるが「怖い顔をしてるから」というのが理由なんだそうだ。ほんとかよっ！

銀宝（ぎんぽ）

江戸前天ぷらに欠かせない逸品。去年の初夏だったか、「ギンポを喰う会」なんて食通の催しがあるって聞いた。でも、天ぷら以外の喰い方って聞いたことないし、美味くはないだろう。そもそも天ぷらにしたって、魚の味自体はそんなに強くない。食通って方たちもご苦労なこった。

銀むつ（ぎんむつ）

正式名称はマジェランアイナメ。最近では通称の「メロ」の方が通りがいい。脂が強く、今では人気モノであるが、こいつも昔からの魚屋にはいまだに「けっ！　そんな猫またぎっ！」とバカにされる始末。俺もそうありたいとは思うが、実は嫌いじゃねぇんだ…味噌漬けは間違いなく美味い。

クサヤ

御存知！　伊豆諸島名産の、あの臭い干物。ムロアジのようなあまり脂のない魚を使うのが特徴。逸話は多々あるが、あえてここでは紹介しない。ただ本当にアレの臭いがするからたまらない。なんでこんな匂いが好きなのか自分でも不思議だ。

車海老（くるまえび）

江戸前天ぷらにもっとも使われる海老で、小さいほど珍重される。五cmくらいまでは「サイマキ」と呼ばれ、一〇cmくらいに大きくなったものを「マキ」と呼ぶ。それ以上の大きさのものは寿司に使われる。

黒鮪（くろまぐろ）

マグロの王様といっても過言ではない高級魚。特に冬場の日本近海のものはとんでもない高値がつくことがある。バブルの一種なのかも知れないが、あんな高いもの誰が喰うんだろう。いい加減にして欲しいバカバカしい現状である。

鮭児（けいじ）

母川回帰前の未成熟のシロザケの通称。一万匹に一〜二匹しか獲れないという超希少品である。当然、高い。あるとき、無理して買ってみると、『幻の鮭　鮭児』と金文字で書かれた桐の箱に入っている。鼻で笑ってやった。案の定、その後、一万匹に一〜二匹しか獲れないはずの鮭児は大量に出まわり、いったい鮭はどんだけ獲れてるのか不思議になった。

＊中まで火が通りきってないサイマキの揚げたてを塩でいただく。上品な風味と甘みがたまらねぇぞぉ〜。

＊マグロ類は世界中を大回遊する魚だ。だから「〇〇産」といわれているマグロも少なくとも「〇〇の生まれ」ではないことはたしかで、たまたま「〇〇を通りかかっただけ」のマグロなのである。

【マグロの種類】②
クロマグロは別名「ホンマグロ」とも呼ばれている。昔は「シビ」と呼ばれていたらしいが、「死日」につながるということで嫌われていたようだ。幼魚（一〇kgくらい）は「メジマグロ」または「ヨコワ」と呼ばれている。

毛蟹（けがに）

カニの中でも特に美味で、「みそ」が珍重されている。英名は知らないが輸入品の箱に「HAIR CRAB」と書いてあった。思わずプッとなった。

玄華魚（げんげ）

日本海側でよく食されるコラーゲンたっぷりの魚。美肌ブームに便乗して〝コラーゲンゲ〟とかいってゲンゲの干物を焼いて出してる寿司屋もあるが、傷みやすいためほとんど地元で消費されてしまう。その昔はたくさん獲れたためあまり価値がなく、「下の下」と呼ばれ、この名がついたともいわれている。他の魚にはない食感で、汁物などにされることが多いが、バカにしたモンではない。

鯒（こち）

正式名称はマゴチ。河岸の中ではコチで通用する。夏場に美味くなる数少ない魚である。白身というと何とかの一つ覚えのようにヒラメという人もいるが、夏のヒラメは〝猫またぎ〟である。そこへいくと、夏場に「白身喰いてぇなぁ…コチあるかい？」なんて言おうモンならちょっとカッコイイ。

【カニを茹でる】
茹で方の蘊蓄《うんちく》は色々聞くが、実は本当に大事なのは茹で上がってから。甲羅を下にして、ラップをかけず冷蔵庫で丸一日じっくり冷やそう。脚肉はきっちりとかたまり、冷蔵庫の乾燥で余分な水分が抜け、味噌が濃くなる。

小肌（こはだ）

幼魚のときには「シンコ」と呼ばれ珍重される。大きくなるにしたがい価値が下がり、「コノシロ」と呼ばれる頃には上物師には相手にされなくなる。塩と酢を使ってしめる食べ方が一般的だが、刺身、塩焼き、煮付けといった食べ方はほとんど見当たらない。焼くと死体を焼いた臭いがするともいわれているが、俺は死体を焼いた臭い自体をよく知らない。

氷下魚（こまい）

昔の縄のれん、居酒屋の定番メニュー。炙《あぶ》ったコマイの干物は酒のつまみとしてお馴染みだった。棒ダラもそうだが、タラ系の干物はとにかく固い。コマイにいたっては木槌《きづち》で叩き砕いてから焼く店もあったくらい。最近は〝ソフトコマイ〟なるものもあるが、どうもピンとこない。

鮭（さけ）

健康ブームとやらであまり塩気のない鮭が好まれているが、本来の塩鮭はひと切れで御飯一膳食えるくらいしょっぱいモンで、焼く*と表面が真っ白になるくらいの塩がいい。ただ血圧が高くなっても知らない。

＊近年は鮭を焼かずに蒸す店もあるようだが、蒸した鮭は一番美味いとされている皮目のゼラチン質が生臭くなり、皮自体がゴムみたいになってるからすぐに見分けがつく。

鯖（さば）

昔から日本人に親しまれてきた近海のマサバは、実は最近では資源枯渇に向けまっしぐらという状態。それに代わって人気が出てきているのがノルウェー産。安全管理もしっかりされているし、何より脂がのってて美味い。輸入モンだからといってバカにしてるともったいないことになる。

ザブトン

マグロの腹（特にカマ下一番、二番）ブロックのテンパ部分を外し、大トロ、中トロ部分だけになった状態のことをいう。カワラと違って、ハラスがペッタラとしていて座布団のように見えることに由来する名前。これも、冷凍マグロに限る。

鮫（さめ）

エイと同じようにアンモニア臭がするのであまり一般的ではないのだが、中華に使っている高級食材のフカヒレがサメだと言うと驚く人が多い。身は無理して喰うほどのモンじゃぁないが、モウカザメはフライにすると柔らかくて美味い。

細魚（さより）

外見は綺麗《きれい》だが、腹の中が黒く独特の臭いがするため、美しいが腹黒い女性のたとえにもされる。でもサヨリ自身は上品な風味の美味い魚だ。特にデカイやつは「カンヌキ」と呼ばれ、河岸の中では特別扱いを受ける。しかし、特別扱いを受けるような女性なら多少腹黒くてもイイやっ！　って思うのは俺だけではないはずだ。

鰆（さわら）

魚偏に春と書く、季節感を表わす魚。関西ではその名の通り春に食べられるが、関東以北では脂ののった冬に食されることが多い。身割れしやすいため、扱いが悪いと怒られちゃう。

秋刀魚（さんま）

あまりに一般的でココで特筆することはない。国産魚では珍しく資源量も豊富なので、バリバリ喰っていい魚である。サンマに代表される青魚はとにかく値段の一番安いときが、もっとも美味いときでもある。このご時世にホントにありがたい魚だ。

【皮炙ってよっ！】

寿司屋でサヨリをツマミもしくは握りで食べたら気軽に「皮炙ってよっ！」って板さんに頼んでみよう。きっと竹串に巻いて塩を振り、焼いてくれる。どうせ捨てるモンだろうと高を括《くく》ってはいけない。すんごく美味い分、それなりに取られるから覚悟を決めて。

【冷凍サンマの底力】

季節外れに売り場に並んでいる冷凍サンマをなめてはいけない。なぜなら、もっともたくさん獲れたとき、すなわち旬の美味いときのサンマを凍らせているから、充分美味いのだ。

鱰（しいら）

おでこがデッカく、平べったい顔のユニークな姿形の魚。日本よりもハワイではお馴染みで、「マヒマヒ」と呼ばれているのがシイラである。国内ではあまり評価が高くないので、カッコつけて「ハワイで喰ったマヒマヒっていう魚はすごく美味かったよ」なんてことを言うと恥をかく。

蜆（しじみ）

シジミといえば冬場の寒シジミが代表的だが、他にも結構種類がある。一般的に売られているのはヤマトシジミだが、寒シジミで珍重されるのはマシジミである。しかしドッチにしろ酒の摂取量の多い人はシジミ汁を週に一回は食べた方がいい。

柳葉魚（ししゃも）

最近はありがたいことに、生のシシャモが東京でも手に入るようになり、都内でシシャモの干物を作ることも可能になった。魚といえば何とかのひとつ覚えのように子持ちを珍重する傾向が強いが、シシャモの場合は身自体の味比べをしたら、オスの方が格段に美味い。

蝦蛄（しゃこ）

とりあえず甲殻類。エビやカニの仲間とは違うらしいが、とにかく美味い。*英名で「カマキリエビ」というようにカマみたいな脚を持っている。個人的な好みでは「カツブシ」と呼ばれる子持ちより、子なしの方がシャコ本来の風味が感じられて美味いと思う。

白魚（しらうお）

*その昔、江戸は隅田川の河口（現在の佃島辺り）でよく獲れたため、江戸の春を代表する魚だった。徳川家康が好んだ魚といわれているが、その理由は、頭にある突起物が葵《あおい》の紋のように見えたからだとも。そのため、江戸城に献上する際は大名行列を横切っても許されたという。

白ミル（しろみる）

正式名称はナミガイといって、本物の「ミル貝」である水松食《みるくい》とはまったく別の種類の貝。今やミル貝というとシロミルが一般的になってしまったが、実はコイツは真っ赤な偽物なのである。本物と比べると独特のクセがある。

*シャコは、カマのような脚をアサリの殻などに打ちつけ、出てきた中身を食べる習性がある。外見もだが、やってることもエゲツないヤツなのだ。

*現在飲食店などで踊り食いとして供されるのは「シロウオ」というハゼの仲間であり、鮭の親戚である「シラウオ」とはまったくの別種である。

助宗鱈（すけそうだら）

明太子などに使われる、いわゆる「たらこ」の親。子どもの方は貴重品だが、親は二束三文。すり身になるくらいであまり価値がない。この現実、何となく悲しいじゃねぇかっ！　おとっつぁん…。

鱸（すずき）

実[*]は古事記にも出てくるほど日本人には馴染みの魚。出世魚として有名だが、河岸では「セイゴ」→「フッコ」→「スズキ」と名前が変わる。出世魚は地方ごとに呼び名が変わるので、旅先で尋ねてみるのも一興。

鯣烏賊（するめいか）

スルメイカはレッキとしたイカの種類なのだが、なぜかイカ類の干物はすべて「スルメ」って呼ばれている。干物の最上品、ケンサキイカの干物ですら、やはり「スルメ」がついて「ケンサキスルメ」と呼ばれてしまう。その上、本家スルメイカのスルメは「二番スルメ」なんて呼ばれる始末。こういうのって、スルメイカ的には「せっかくオレが干物の代名詞になったのに…」と、なんとなく割り切れない気分になっているに違いない。

＊スズキは、上品な白身の魚というイメージとは裏腹に、アングラー（＝釣り師）の好敵手、「シーバス（＝Seabass）」としても有名。一度ハリがかりすると、「エラ洗い」といわれるほど激しい抵抗をみせるのだ。

ズワイ蟹（ずわいがに）

とあるスーパーにて。「特注で松葉ガニをオーダーしたら、ズワイを送ってきやがって大騒ぎだったよ…」。実は*「越前ガニ」も「コウバコ」も「セイコ」もズワイガニのことである。英名は**「QueenCrab」なのだが、勝手にヤドカリと結婚させられちゃぁ面白くねぇだろうなぁ〜。

背黒鰯（せぐろいわし）

「シコイワシ」「カタクチイワシ」とも呼ばれるマイワシと比べ、資源量が豊富な青魚。シラス干し、煮干し、目刺しなど、様々な加工品の元魚である。にもかかわらず、日本人はセグロの恩恵をすごく受けていることをあまりにも知らないのが現実。悲しい。

宗田鰹（そうだがつお）

ひと口にソウダガツオといっても、〝ヒラソウダ〟〝マルソウダ〟とに分けられる。読んで字の如く平べったいのがヒラソウダで、丸っこいのがマルソウダ。宗田節といわれるカツオ節の代用品として用いられることが多いが、生ではあんまり流通していない。

---

*ズワイガニは地域や雌雄によって様々な名前がつけられている。

**「鱈場蟹」の項参照。

築地点描

AM 11:20

【魚がし横丁】
お昼近くなると観光客の行列があちこちに。
河岸の熱気がそのまま店頭へと引き継がれていく—。

鯛（たい）

古くから親しまれてきた魚であるため か、「タイ」と名のつく魚の多いこと多いこと。あれやこれやで三〇〇を超えるらしい*が、本当の鯛の仲間は一八種だそうだ。それ以外は〝アヤカリタイ〟。日本人はブランド好きってことだ。いつの間にか広くなった「軽井沢」みたいなもんか。キンメやアコウ、アマダイ、それに、色は違うけどイシダイ、イシガキはまだ分かる。けど、エボダイ、マトウダイなんてヤツは色は銀色だし、形だってどー見たって似ても似つかない。挙句の果てにゃあ、ナイルティラピアなんてピラニアの仲間みてぇのまでイズミダイなんて呼ばれてるから笑っちまう。

鰆（たかべ）

学術的にはまだまだ解らないことが多いらしいが、日本固有の種なのだそうだ。そのせいかどうか結構な変わりモノで、盛夏に脂がのるという珍しい魚である。当然、喰う方も真夏に汗をかきかき七輪で煙をボウボウ上げながら焼くのだが、これがとにかく美味いのでぜひ一度試してみてよ。ただし、皮が弱くすぐはがれてしまうので焼くときは要注意。やはり焼き魚は皮を喰わなくっちゃ！

*この数は日本産の魚種の約一割に相当する。

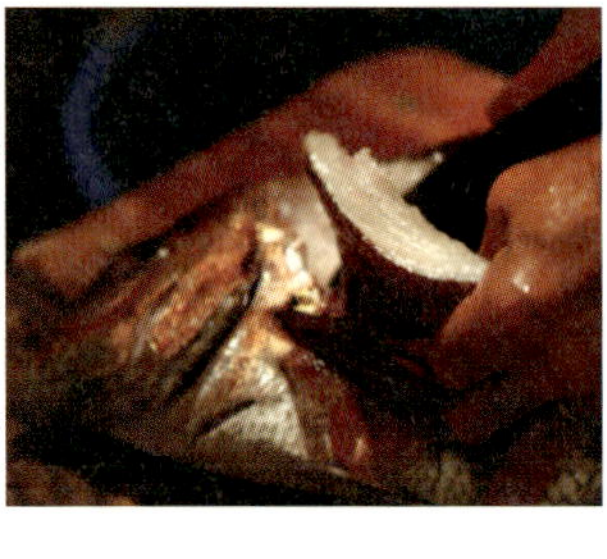

蛸（たこ）

*その昔、といってもかなり昔の話だが、タコは殻に入っていたそうだ。アグレッシブな性格だけに、殻に閉じこもっていられなくなったんだろう。今やあの八本の脚を絡めて、昔の仲間であるサザエやアワビまで喰っちまう。なんて恩知らずなヤツだとは思うが、貝を喰ってたタコは美味い。

太刀魚（たちうお）

その名の通り、獲れたてのタチウオは眩《まぶ》しいばかりの見事な銀色ボディーをしている。確かに太刀と見紛《みまご》うばかりだ。鮮度の良さを見分けるのもやっぱりその色がポイント。体の銀色がしっかり残っている切り身を選べばいい。けど、名前の由来は実はそれだけではなく、泳ぐ姿が頭を上にして「立ち泳ぎ」をしているように見えるから、という説も有力だ。

鱈場蟹（たらばがに）

「カニ」とはいうもののタラバは脚が四対しかなく、正確にはヤドカリの親戚になる。そのくせ「KingCrab」なんていう英名で、すっかり蟹の王様扱い。*ズワイあたりはちょっとひと言言いたいところだろう。

*ちなみにみんなが頭だと思っている箇所は腹である。だからタコ焼き屋の看板で、鉢巻をしているタコを見かけるが、あれは腹巻をしたタコなのである。

*「ズワイ蟹」の項参照。

千魚（ちか）

ワカサギの兄弟分。ワカサギよりも幾分大きくなるんだけど、一般的にはほとんど見分けがつかないだろう。地方によってはワカサギをチカ、チカをワカサギと呼んでいるところもあるくらい。個人的には、まぁ細かいことはあんまり気にしないで美味く喰えばいいじゃん、と思う。

テンパ

マグロの赤身のこと。マグロは皮に沿って脂がのるため、脊髄《せきずい》に近い部分が赤身になる。サク取りするときにはブロックにした後、皮を下にし天井（赤身の部分）をはねる。「テン」を「ハネ」ることから「テンパ」と呼ぶようになった。

特鰭（とくびれ）

あまり聞かない名前だが、「ハッカク」といえば多少は馴染みがあるだろうか。とにかく文字通り、やたらデカい鰭《ひれ》をもっている。動きづらいだろうなぁと同情を禁じ得ない。角質化した踵《かかと》以上に堅い皮は、さばくのは大変だが、身の方は意外や意外、上品な脂がのり、とっても美味い。

床伏（とこぶし）

小型のアワビのように見えるが、とりあえず別種だそうだ。本家のアワビとこれだけ似ている割には、値段的にちょっと虐《しいた》げられ過ぎのように思うが、まぁヤツらからしたら関係ないか。アワビ独特のコリコリ感は少ないが刺身でも充分に美味いし、磯っ臭さはアワビに勝るとも劣らない。

泥鰌（どじょう）

昔はドジョウといえば泥臭いものと決まっていたが、最近のドジョウは物足りないくらいにクセがない。しかしそれだけに万人に好まれるようになったのだろう。精のつく食べ物といわれ、子宝に恵まれない家ではよく食卓に上ったらしい。俺はいつもそーだから喰っても変わらない…。

飛魚（とびうお）

*『魅せられて』の衣装のようなデッカイ鰭《ひれ》を拡げて三〇〇〜四〇〇m滑空するというから、魚のくせに大変なモンである。脂ののる魚ではなく加工品になることが多いが、「クサヤ」は絶品である。西日本では「アゴ」と呼ばれ、煮干しにして出汁を取る。お雑煮に欠かせない存在である。

*『魅せられて』は昭和五四年に発表された、歌手、ジュディ・オングの代表曲（作詞・阿木燿子、作曲・筒見京平）。

鳥貝（とりがい）

もっとも根性無しの貝。手で簡単にむけちまううえ、身もすぐにダラア～っとしてしまう始末。だから生のトリガイには叩き皿なる皿が必須。皿に叩きつけてから喰うと、身がぐっと締まって甘味が増してくるぜ。

ドレス

「ヘッドレス」の略。「ドレスマグロ」といえば、「頭の付いてないマグロ」の意。なにも〝ヘッ〟くらいは略さなくてもいいと思う。しかし、もっと不思議なのは頭付きで内臓をとったものをセミドレスと呼ぶ場合があること。最近ではGGと呼ばれることが多いが、頭が付いているなら「セミヘッドレス」ではなくて「ヘッドオン」じゃねーか？　どーしても〝ヘッ〟を略したければ〝ドオン〟だろう。行き当たりばったりの魚屋らしい。

なめた鰈（なめたがれい）

*大型種のカレイで冬場の煮付けが絶品。縁側のゼラチン質を下品にズルズル啜《すす》るのが美味い。ちなみに煮付けは煮上がってから一日くらいおくと、味が染みてさらに美味い。

【冷凍魚（マグロ）の加工段階】

●ラウンド（丸々の状態）
●セミドレスもしくはGG（頭付きエラ、はらわた抜き）
●ドレス（頭なし）
●フィレ（三枚卸し）
●ロイン（背節、腹節に分けた状態）
●ブロック（ロインを細かく切ったモノ）
●ステーク（いわゆるサク）

*最近では活かして入荷されることがあり、刺身でも喰われるようになってきた。ちなみに、またの名を「ばばがれい」。高級魚らしからぬ呼び名である。

鰊（にしん）

歌謡曲*にも歌われていたように、一〇〇年くらい前の最盛期には一〇〇万t近くの水揚げがあった。しかし最近では三万t以上の水揚げはない。まさしく「あれからニシンはどこへ行ったやらぁ～♪」である。代表的な加工品「身欠きニシン」を甘辛く煮付けてのっけたニシンそばはたまらない。

鼠鯒（ねずみごち）

天ぷらダネとして有名な「メゴチ」の本名。河岸ではみんな「ネズッポ」って呼んでる。たしかに天ぷら喰ってるとき、ねずみとか言われるとあんまりいい気はしないよなー。

馬鹿貝（ばかがい）

通称「アオヤギ」。馬鹿とは失礼な話だが由来は諸説あり、彼らの名誉のために一番まともな説を紹介する。この貝は、たくさん採れたかと思うと全然採れなくなったり、また別の場所で山のように採れたりする。そこから、「場所を変える貝＝場変え貝」が訛《なま》ってバカ貝になったと。そう思って喰った方が、馬鹿な貝と思うよりも美味しく感じるから不思議だ。

＊昭和五〇年に発表された、歌手・北原みれい「石狩挽歌」（作詞・なかにし礼、作曲・浜圭介）の一節。

【浦安】

〝ネズミのバケモン〟で有名な浦安もかつてはバカガイの名産地だった。身は商品として出荷し、残った殻まで利用していたそうだ。殻を焼いて砕いて壁材に使っていたらしい。これならゴミも出ないよな。

蛤（はまぐり）

意外なようだが貝塚から出土される貝殻はアサリよりハマグリの方が多いのだそうだ。縄文人(!?)の友達に聞いたところ、やはりハマグリを好んで喰っていたらしい。縄文人の口は上品なんだそうだ。

しかし、寂しい限りだが、そのハマグリも最近では純国産にお目にかかれることが滅多になくなってしまった。もう一度、日本各地にあった干潟を取り戻したいものだ。

鱧（はも）

まな板の上に載せられてなお、包丁の刃そのものに食いついて抵抗するハモを何度も見たことがある。ハモは、ものすごく獰猛《どうもう》で怖い魚である。しかし、同時に、その最後まで生命を諦めない姿勢には敬意を表さざるを得ない。立派だ。

ご存知のように骨が固く、細かい骨も多いので、関東では食用とされてこなかった。それを考えると、骨切りという特殊な技法を編み出し、このシチメンドクサイ魚を高級料理にしてしまった関西人にも敬意を表さざるを得ない。同じく立派だ。

【ハマグリの軍手鍋】

水と酒を同じ割合で張った鍋に昆布をひとかけら入れ沸騰させる。ブクブクしたらハマグリを一個ずつ入れる。しばらくすると熱さに耐えかねて殻が開くので、間髪入れず鍋からすくい取る。左手に軍手をはめて身の付いてない殻をつまんで汁ごとがぶりつく。唇をやけどしないように注意。すべて食べ終わったら鍋に残った汁をズルッといただく。調味料不要！こりゃうめぇ〜。

髯鱈（ひげだら）

淡白な白身魚であり鍋などに供されることが多いため、タラの仲間のように扱われるが、「ヨロイタチウオ」というイカツい名前の別種の魚である。市場ではタラよりも評価が高く、人によってはフグよりも美味いという評判も聞く。鍋以外にも昆布締めや干物にしても美味しい。

平鰆（ひらざわら）

ヒラザワラもヒラスズキも御本家より体高が高く、平たいところから、「ヒラ」の名がつくようだ。ただ、ヒラザワラはヒラスズキと違い、ほとんどサワラと区別されることなく流通している。

平鱸（ひらすずき）

たとえば魚河岸の人間が、寿司屋で「スズキ召し上がりますか?」などと言われても「へっ…」って感じだが、「ヒラスズキありますよ!」なんて言われると飛びついちまう。ヒラスズキっていうのはそんな存在だ。漁獲量が多くなく、スズキと比べ高価。そういう思い込みのせいか、何となく上品な姿形に見えてくる。寿司屋で見かけたら一食の価値あり。

平政（ひらまさ）

ブリやカンパチの親戚であり、中でももっとも速く泳ぐ元気者である。ルアーフィッシングの格好の標的であり、その引きを経験したら病みつきだとか。ブリは冬、カンパチは秋、そしてヒラマサは夏に脂がのる。ブリの一族は、魚種を変えながら年中美味しくなる気の利いたヤツなのである。

平目（ひらめ）

誰もが認める白身の王様である。特に一匹から少ししか取れない縁側は高価な逸品。しかしこの王様も夏場は形無しだ。〝猫またぎ〟なんてありがたくない名前がつけられてしまう。魚好きの猫にまたがられるなんて、魚のプライドズタズタだろう。人間なんて勝手なもんだ。

鬢長鮪（びんちょうまぐろ）

「ビンナガ」「トンボ」とも呼ばれる。身が水っぽいため、マグロ類の中でもっとも安価。かつてはツナ缶の原料になっていたくらいだが、回転寿司の業者が脂ののったビンチョウを〝ビントロ〟と命名し、売り出したところこれが大ヒット。一躍スポットライトを浴びる存在になった。

AM 12:00

【河岸引けのひと時】

早朝の喧噪が嘘のように、すっかり静寂を取り戻した河岸。
今日も築地の一日が終わったことを、人々の笑顔が告げる。

河豚（ふぐ）

フグのチリ鍋を「てっちり」、刺身を「てっさ」と呼ぶが、これはフグが「テッポウ」と呼ばれていたことに由来する。なぜテッポウか？「当たると死ぬから」という説と、昔の鉄砲がなかなか当たらなかったことにかけた、「ウチのは安全です！」というお店の宣伝文句からという説とがある。

どっちにしろ当たったら死ぬんだから、覚悟を決めて喰うのが正しい。

鰤（ぶり）

日本海側では、本格的な冬がやってくると「ぶりおこし」と呼ばれる雷が鳴る。これが沖の定置網にブリが入った合図なのである。出世魚として名前が変わっていくのだが、個人的には富山地方で呼ばれる「ふくらぎ」という呼び方が一番綺麗《きれい》で、その上、優しくて好きだ。

紅ズワイ蟹（べにずわいがに）

ズワイガニとよく似ているが、身が水っぽく鮮度落ちが早いため、産地で消費されるか加工品として使われていた。近年、各産地での商品化が盛んなので、近い将来消費地でも食べられるようになるだろう。

魴鮄（ほうぼう）

いつも行く寿司屋のオヤジがダジャレ王で、ホウボウを喰う度に「これ、どこでも売ってるんですよねぇ～。ホウボウで売ってる…」という下らないダジャレに付き合わされる。

この白身は脂で喰う魚ではない。魚自体の味がよくとても上品だ。揚げ物で喰うことが多いかもしれないが、鍋にしてもいける。身離れがよく、その上ゼラチン質もあり、ホクホクしてて美味い。出汁がよく出るので汁物にしてもいい。

帆立貝（ほたてがい）

無類の貝好きな俺にとってはとてもありがたい貝である。刺身でよし、焼いてよし、揚げてよし。どー喰っても美味い貝だ。その上養殖がさかんなため、一年中安定した入荷がある。

ちなみに俺はスーパーなんかで冷凍ホタテ貝柱の特売があったりすると、しこたま買ってきて、それをカレーの出汁にしている。原形をとどめないほど、じっくり長時間かけて煮込んだホタテカレーは抜群のコクがでる。ホタテは偉大だ。

【ホタテの出汁】
カレーのみならず洋風の汁物にはホタテが断然おススメ。スーパーの特売で売ってたらパック全部入れちゃえ。磯の香りと、自然の甘味がたっぷり溶けだしてくる。コクが違います！

蛍烏賊（ほたるいか）

俺個人的にだが、コイツを見かけると、「おぉ〜春がきたねぇ〜」と感じるね。最近では食通の方が生のホタルイカを珍重するみたいだが、やはりコイツは茹でて中の肝の濃厚さを味わうモンだ。生で喰っても中途半端なイカの刺身って感じ。「ハッキリしろっ！」と言いたくなる。

鯔（ぼら）

スケソウダラの項でも書いたが、このボラも報われない親なのである。ボラの子は高級珍味カラスミになる。子を持ったボラは卵だけ抜き取られ身は廃棄されてしまう。スケソウは二束三文だが、ボラにいたっては廃棄である。この現実、悲しいじゃぁねぇかっ…おやっさん！

真梶木（まかじき）

馴染みは薄いが、実はマカジキの刺身はマグロに勝るとも劣らない。特*に初春の「突きん棒漁」のマカジキは絶品。でも、スーパーなどで刺身用のサクとして売ってもまったく売れない。本当に不思議に思う。まさしく美味しい思いができるのは我々魚屋だけなのである。ざま見ろっ！

＊「突きん棒漁」とは、船でカジキを追い、漁師が舳先《へさき》でモリを構え、浮いてきたカジキを突き刺すという豪快かつ勇猛な漁法。

真子鰈（まこがれい）

鰈は種類によって調理法が煮付けだったり、唐揚げだったり、干物だったりと非常に専門性が高いが、マコガレイは何といっても刺身が絶品。白身の王様・ヒラメと比べても全く遜色《そんしょく》がない。ちなみに大分・日出《ひじ》町でしか獲れない「シロシタガレイ」もマコガレイのことである。

鱒ノ助（ますのすけ）

「キングサーモン」の和名。鮭類の中でもっとも大きくなり、もっとも脂がのる種類だ。生で流通する秋口には三枚卸しなんてメンドクサイことをせず、胴切り*で豪快にステーキにしちまおう。仕上げにバターの風味を付けて醤油をかけて喰っちまう。生の鮭はふんわりしててうめぇぞぉ～。

真魚鰹（まながつお）

名前に「カツオ」がつくので同種か、少なくとも外見が似ているくらいに思うが、まったく違う種で外見も似ても似つかない。カツオくらい美味いという話があるが、如何にもとってつけたようで逆に笑える。ダイイチ食べ方がまったく違う。コイツは切り身にして漬け魚にするのが一般的だ。

*「銅切り」とは、頭と内臓を取り、頭からそのまま輪切りにする切り身のこと。「MRI」みたいなモンだ。

*マナガツオの表記は他にも「真名鰹」「真似鰹」「学鰹」などがある。

マグロ船の副産物。別名「赤マンボウ」。元々は、積み上げた冷凍マグロが崩れないよう、隙間に詰められていた魚で、悪いけど美味くはない。よっぽどやることがないのか、以前、テレビで「幻の赤マンボウ」とかいって取り上げていた。「赤マンボウ入荷！」とデカデカ張り出した回転寿司もあったが、もうすっかり消えちまった。たぶん不味かったんだろう。

しかし、とても愛らしい外見なので、真剣勝負のセリ場にコイツが並んでいると、思わず「プッ!!」となってしまう。

万鯛（まんだい）

別名「インドマグロ」。南半球に生息し脂分が多い。クロマグロと並ぶ高級マグロとして評価されている。季節が真逆の南半球で獲れるから、日本では夏場が旬なのである。

以前スーパーでインドマグロの解体即売セールをやったとき、知ったかぶりのおばさんが「インドに住んでいたときによく食べたわぁ～」と言ってたから「嘘言っちゃいけねぇよっ、おばさん！　インドマグロはインドでは獲れませんぜっ」と言ってやったら、そのスーパーから出入り禁止になった。

南鮪（みなみまぐろ）

【ネギマのみそ汁】
刺身で残ったマグロを使ってみそ汁を作ろう。沸騰した湯に残りのマグロをぶち込んで、味噌を溶く。煮立たせないようにして、短冊に切った長ネギを入れる。ネギから溶け出した旨味と、チョイと生臭く感じるマグロのクセを、味噌がピッタリと合わせてくれる。

水松食（みるくい）

通称「ミルガイ」の方が通りがいいが、正式にはミルクイ。この貝の特徴である、デカい水管で、「水松《みる》」という海藻を喰っているように見えることが名前の由来らしい。この水管が美味く、チョイと火を通すと上品な甘味が強くなる。シロミルとはまったくの別種で値段もはるかに高い。

目板鰈（めいたがれい）

メイタは手の平サイズが一番重宝する。油との相性がよく、唐揚げや揚げ出しなどにするといい。低温の油でじっくりと揚げれば骨までバリバリ喰える。身の味もさることながら、骨を食べる香ばしさは何ものにも代えがたい。カルシウムのサプリメントはもういらないね！

目抜（めぬけ）

読んで字の如く目が飛び出ているため、この名がついたか。深海に棲んでいるから、釣り上げられたときの水圧の差で目が飛び出てしまうのである。深海魚だけに脂が強く煮付けがもっとも美味いが、味噌漬けなどにもされる。漁獲は多くない。でもすごく美味い。困ったモンだ。

目鉢鮪（めばちまぐろ）

スーパーや魚屋でもよく見かける、国内でもっとも消費されているマグロ。学名は「Big-eye tuna」といい、目が大きいのが特徴。目がパッチリしてるからメバチマグロと呼ばれるようになったという説もあるが、怪しいモンではある。全体的に丸っこく、幼魚時は「ダルマ」とも呼ばれる。

紋甲烏賊（もんごういか）

元々は日本に生息するコウイカの一種であるカミナリイカの別名だったのだが、ヨーロッパ、アフリカで獲れるヨーロッパコウイカにすっかりお株を奪われてしまった。だから今、出回っているモンゴウイカはほとんど冷凍加工品である。でも、身は厚くネッチョリとしてて美味い。

柳鰈（やなぎがれい）

数あるカレイ類の中でも、干物にしてその美味さを発揮するのがコイツ。身は水っぽいのだが、軽く塩水に漬けて陰干しすると、皮まで絶妙に美味くなる。また産卵期には白い皮目から、ピンクの卵が透けて見え何とも可愛い。程よく水気の抜けた卵もホクホクしてて美味い。

【づけマグロ】
赤身のマグロの代名詞であるヅケ。ただ醤油に漬けりゃいいってモンじゃない。醤油にみりんを合わせたタレににんにくをふたかけ入れて、サッと湯引きしたマグロのサクを漬け込む。三〇分ででき上がり。冷凍の水っぽいマグロも美味しく喰える。

【干物を作る】
自分で干物を作ってみよう。下処理をして塩水に漬けるのだが、この塩分濃度が大事なんだ。どうも皆さん塩の使い方がしみったれてることが多いんだ。塩は大胆に使おう。

槍烏賊（やりいか）

大寒の頃が喰い時。先っぽのエンペラの所に卵がびっしり詰まってくるので、墨だけ取り、火を通し過ぎないように煮付けよう。それで、包丁なんか使わずに尖ってる所からガブッ。すると、とろぉ〜っとした卵が口の中いっぱいに広がって、甘辛い煮汁と絡み合う。もう何もいらないです。

公魚（わかさぎ）

実はシシャモの親戚筋。シシャモと比べると脂が少ないので、フライにすると軽くて美味い。*シシャモとワカサギの間には「キャペリン」とか「キュウリウオ」なんていうのもいるが、某グルメ漫画のおかげで評判が悪くなっちまった。そんなに嫌うほど不味くはない。気の毒でしょうがない。

渡り蟹（わたりがに）

一般的にはワタリガニと呼ばれているが、「ガザミ」が正式名称。名前の由来は、四番目の脚が水かきのようになっていて、泳いで渡ってるように見えるところから。卵を持ったメスに圧倒的に商品価値があり、オスは加工品の切りガニとして流通する。同じオスとしてはちょっと寂しい。

＊『美味しんぼ』（原作・雁屋哲作画・花咲アキラ／小学館）の中でキャペリンはシシャモの紛《まが》いもの扱いされている。

自分でさばいた魚は美味ぇーぞ！

せっかく河岸に遊びにくるんだったら、飲食店に並んで、飯喰って帰るってだけじゃぁちょっともったいねぇなっ。魚河岸ってトコは言わずと知れた世界で一番の魚市場だ。特に魚好きなら仲卸売場もひと通り廻ってみて、魚の勉強をするのも悪かぁねぇ。

俺のブログを通して何人かの変わりモンが河岸

に遊びにくるようになったんだけど、こないだ面白ぇぇ話を聞いたんだ。

「河岸に出入りするようになって、スーパーの魚売り場でも買っていいモノと、そうじゃないモノが何となく分かるようになってきたんですよっ!」こりゃ嬉しい話だっ!

もっともこの人はホントの変わりモンなので、わざわざ子連れで毎週のように河岸に遊びにくる。でも継続は力とはよく言ったモンで、最近では仲卸のおっちゃんなんかと、いっぱしに魚の話ができるようになってる。決してテレビの知識を詰め込んだ、知ったかぶりの食通の類とは違うよ。曲がりなりにもオレたちゃプロだ。ちょっと話せばソイツの魚の知識くれぇはすぐに分かる。

そもそも魚ってモンは、素人だって、こーやって謙虚で素直な気持ちでマメに通ってくると自然と覚えちゃうモンなんだ。いっくらグルメ番組を観たって無駄なこと。っていうよりむしろ害にな

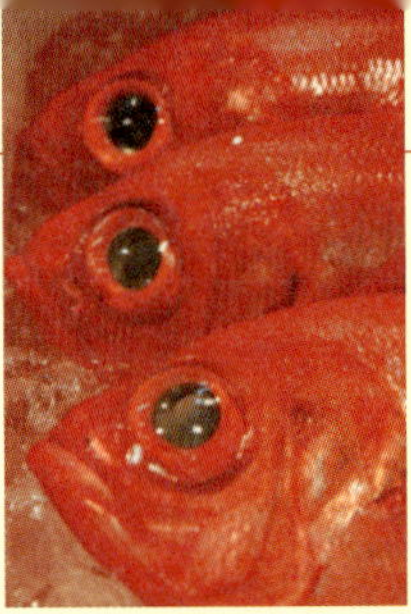

るぜ。美味い魚を喰いたきゃ数多くの魚を見るしかねぇんだ。オレたちがよく言う褒め言葉、〝魚の風が良い〟ってのは、理屈や言葉じゃ伝わらないモンだ。いわばその魚が持ったオーラみてぇなモンなんだよ。

　何も魚河岸に通ってこいって言ってるんじゃねぇよっ。近所の魚屋だっていいし、魚の種類が多いスーパーだっていいんだ。毎日のように通ってれば、それを感じることが絶対にできるようになる。なぜならオレたち日本人はずぅ〜っと魚を喰ってきた民族だ。誰にだってその感性がＤＮＡに刻まれているはずなんだよ。

　最後にとっておきの〝美味い魚を喰うコツ〟を特別に教えよう。まずはどんな包丁でもいいから、自分で魚をいぢくり倒すってことなんだ！どーせ自分で喰っちまうんだ、多少グチャグチャになったってかまわねぇ。さばくンだって数こなしゃぁ絶対に上手くなるってモンだ。

グチャグチャになってもいいから
自分の手で触ってみなよ！

魚ってのは身が空気に触れた瞬間から急激に鮮度落ちが速くなり、せっかくの旨味が消えていく。大皿の刺身を喰ったとき、はじめに喰ったヤツと遠慮の塊で残ってたヤツとでは、明らかに味が違ってくるだろう？　だからホントにいい鮨屋なんかは、お客の喰いっぷりを見ながらタイミングよく出してくるんだ。その魚にあわせた最高の状態でね。

魚はマルのまま買って、家で食べるちょっと前にさばく。これがもっとも美味しく食べるコツなんだよ。焼き魚や煮魚なんかもそうだ。マルのまま買ってきて自分で触ってみることが大事だ。そしてやってるウチにだんだんと鮮度とか脂ののりといった魚の状態が分かるようになってくる。そーなってきたらしめたモンだっ！　あとは貴方が持ってる知恵と工夫っていう最高の調味料を使って、日本一美味い魚に仕上げてやるだけ。魚たちはきっと喜んで応えてくれるはずだぜ。

あとがき

俺が四〇になるちょっと前、二〇〇〇年問題とやらが騒がれた。何が問題なのかよく分かりもしねぇくせに、〝これからはインターネットの世の中になるそうだ〟ってことを聞きかじり、何の知識もなく「そんならウチもホームページとやらをやってみよう」と思い立った。基本的に魚屋ってのは魚以外のことにゃぁからっきしで、特に機械モンにはアレルギーすらあるモンだ。そこで当時、大物業会っていう、魚河岸のマグロ屋の組合に勤めていた富さんに相談したんだ。ヤツとは前からの腐れ縁で将来は何か面白ぇことやろうぜぇ～なんてことをつねづね話してた。ってことで二人で相談した結果、マグロ屋のくせにマグロのことを載せるのをやめようってことになって、それででき上がったのが『魚河岸野郎』っていうホームページ。魚河岸の歴史や文化っていう点では、色んなところから好評を得られた。しかし肝心の商売にゃぁからっきし効果なし…宣伝ツールのひとつであるホームページで、てめぇンちのこたぁ何も言わなきゃあったりめぇだけどなッ！

その『魚河岸野郎』のコンテンツのひとつであった〝明解市場語辞典〟が本書を上梓する元になった。俺の十年来の友人であるライターの柏木たまきの、『いくちゃぁ～ん、これ本にしたらどうよぉ～』ってな口車にもならねぇ口車に乗せられて、出版の運びとなった訳だ。

築地市場といえば今や、グルメスポットやら何やらで都内有数の観光地って感じになってきている。場内外を問わず、飲食店は連日長蛇の列。一般の方たちが市場に親しんでくれるってことは、魚河岸に生きる俺達にとってホントに嬉しい限りだ。

でも、ただ美味い魚を喰って帰るだけじゃ、ちょっともったいなさすぎると思うんだ。そこに根付いた文化にもぜひ触れてほしいと思う。本編で書いたように魚河岸の中ではヘンテコリンな言葉が横行している。入ったばかりの頃は面食らったものだ。

しかし言語というものは普段の何気ない生活から生まれるものだし、それが世界に誇れる日本の文化のひとつなんだとも思う。その文化を育んできた四〇〇年を超える歴史が魚河岸にはあるんだ。本書がそれを知ろうとするきっかけになってくれたら本望だ。

本書を上梓するにあたり、そのきっかけを作ってくれた柏木たまきさん、かなり遅れがちな原稿を嫌な顔ひとつせず、じっくりと待っていただいた大修館書店の古川聡彦さん、その仲間の野澤亘伸さん、ご協力本当にありがとうございました。最後にくだらねぇ質問に答えてくれた魚河岸の仲間たち、原稿に追われがちだった俺を、陰に日向にフォローしてくれた生田仁さんをはじめ、鈴与の皆さんに心から感謝を申し上げます。（生田與克）

二〇〇九年七月七日（オヤジの七七回目の誕生日だったはずの日に記す）

【参考文献】

魚河岸百年編纂委員会著『魚河岸百年』日刊食料新聞社、一九六八年
岡本信男・木戸憲成著『日本橋魚市場の歴史』水産社、一九八五年
川井新之助著『日本橋魚市場沿革紀要』日本橋魚会（銀鱗会所蔵）一八八九年
東京都編『東京都中央卸売市場史・上巻』東京都、一九五八年
東京魚市場卸協同組合編『東京魚市場卸協同組合五十年史』同組合、二〇〇二年
尾村幸三郎著『日本橋魚河岸物語』青蛙房（青蛙選書）、一九七五年
寶井善次郎著『鮪屋繁盛記』主婦の友社、一九九一年
三浦暁雄著『魚河岸百年余聞』日刊食料新聞連載、一九六八年
田口達三著『魚河岸盛衰記』いさな書房、一九六二年
岡本信男著『魚市場人伊藤春次小伝』いさな書房、一九八八年
魚市場銀鱗会編『銀鱗・縮刷版』同会、一九七五年
テオドル・ベスター著、和波雅子・福岡伸一訳『築地』木楽舎、二〇〇七年
成ヶ澤宏之進著『市場人名鑑―水産物市場および市場関連業の指導者―』総合調査研究所、一九七九年
中村勝著『市場の語る日本の近代』そしえて、一九八〇年
西山松之助著『江戸ッ子』吉川弘文館（江戸選書）、一九八〇年
荒居英次著『近世の漁村』吉川弘文社、一九八〇年
岡本綺堂著『風俗明治東京物語』河出書房（河出文庫）、一九八七年
鏑木清方著『随筆集 明治の東京』岩波書店（岩波文庫）、一九八九年
岸井良衛著『江戸町づくし稿（上・中・下・別）』青蛙房、一九七五年
東京魚市場卸協同組合編 森火山画集『日本橋魚市場』同組合、一九七八年
陣内秀信著『江戸東京のみかた調べかた』鹿島出版会、一九八九年
四方田犬彦著『月島物語』集英社、一九九二年
築地食のまちづくり協議会編『築地場外市場いまむかし』同協議会、二〇〇八年

や

ら

わ

た

な

か

さくいん

あ

［著者紹介］

生田與克（いくた　よしかつ）
1962年、東京都中央区月島生まれ。築地魚河岸のマグロ仲卸商「鈴与」三代目。㈱国際魚食研究所所長。1981年、暁星高等学校を卒業後、家業を継ぐ。「まる得マガジン『築地魚河岸直伝 魚をさばく』」（NHK教育テレビ）、「おかずのクッキング」（テレビ朝日系）に出演するなど、魚食の普及活動に尽力。2008年11月からは「国際魚食スペシャリスト検定」（http://www.gyo-shoku.com）を主催している。
■主な著書
『魚食スペシャリスト検定3級に面白いほど受かる本』（共著）『日本一うまい魚の食べ方』『日本一うまい魚のごはん』（すべて中経出版）。

冨岡一成（とみおか　かずなり）
1962年、東京都生まれ。ふと訪れた“ツキジ”に魅せられる。河岸の古老からの聞き取りを元に、魚河岸の歴史文化をWebや機関誌などを通じ発表、高い評価を得る。現在、㈱国際魚食研究所取締役。魚食文化普及活動に取り組んでいる。
■主な著書
『魚食スペシャリスト検定3級に面白いほど受かる本』（共著）（中経出版）

築地魚河岸《つきじうおがし》ことばの話《はなし》　読《よ》んで味《あじ》わう「粋《いき》」と「意気《いき》」

NDC290／xiv, 152, 6p／19cm

初版第1刷――2009年9月20日

著　者――――生田與克《いくたよしかつ》、冨岡一成《とみおかかずなり》
発行者――――鈴木一行
発行所――――株式会社大修館書店
〒101-8466　東京都千代田区神田錦町3-24
電話 03-3295-6231（販売部）　03-3295-4481（編集部）
振替 00190-7-40504
［出版情報］http://www.taishukan.co.jp

装丁・本文デザイン――井之上聖子　　写真――野澤亘伸、生田與克
印刷――壮光舎印刷　　製本――司製本

ISBN978-4-469-22204-3　　Printed in Japan